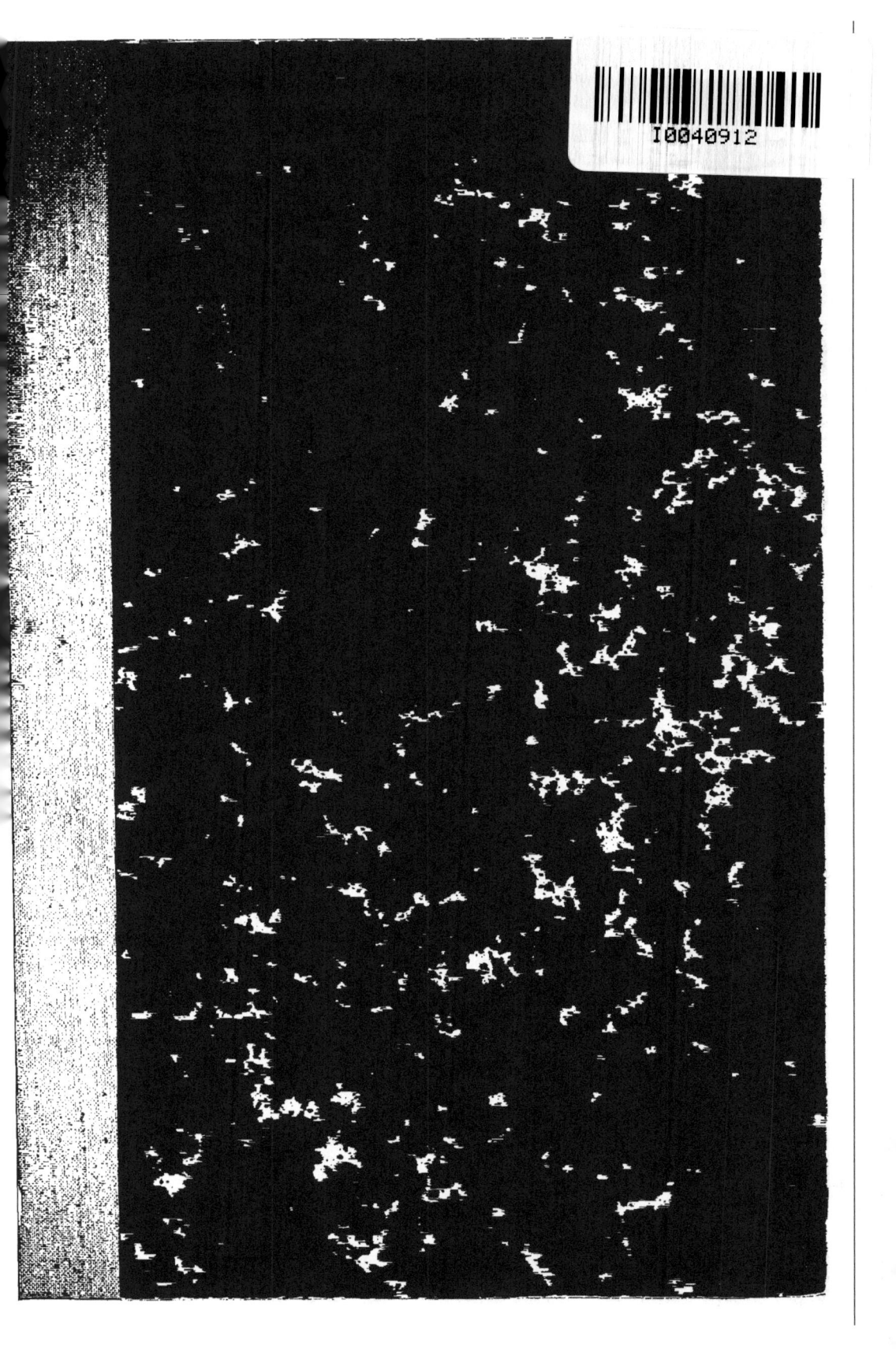

DES

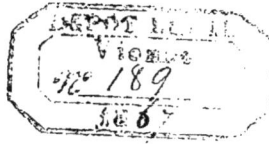

LEGS PARTICULIERS

EN DROIT ROMAIN ET EN DROIT FRANÇAIS.

THÈSE POUR LE DOCTORAT

PRÉSENTÉE ET SOUTENUE

LE 14 DÉCEMBRE 1867, A DEUX HEURES DU SOIR

DANS LA SALLE DES ACTES PUBLICS DE LA FACULTÉ

PAR

CHARLES GIRAUD,

AVOCAT A LA COUR IMPÉRIALE.

POITIERS

TYPOGRAPHIE DE HENRI OUDIN

RUE DE L'ÉPERON, 4.

1867

« Les visa exigés par les règlements sont une garantie des principes et des
« opinions relatives à la religion, à l'ordre public et aux bonnes mœurs
« (Statut du 9 avril 1825, art. 41), mais non des opinions purement juridi-
« ques , dont la responsabilité est laissée aux candidats. »
« Le candidat répondra en outre aux questions qui lui seront faites sur les
« autres matières de l'enseignement. »

A MON PÈRE.

(C.)

DROIT ROMAIN.

DES LEGS PARTICULIERS.

PREMIÈRE PARTIE.

CHAPITRE PREMIER.

DES LEGS AU TEMPS DE GAÏUS.

L'étude des legs en droit romain nous amène à distinguer quatre périodes dans lesquelles il est facile de grouper les modifications diverses apportées par les idées nouvelles succédant aux rigueurs du droit formaliste.

D'abord ce sont les quatre sortes de legs que nous trouvons dans Gaïus, ayant chacun leurs termes sacramentels, emprisonnés dans une formule étroite et frappés d'une nullité complète si les paroles et le sens en étaient modifiés. Mais la rigueur de ce système formaliste devait céder devant les progrès d'une civilisation qui tendait de plus en plus à s'affranchir des symboles et des paroles sacramentelles.

Les premières modifications sont apportées par le sénatus-consulte Néronien rendu en l'an 817 de Rome sous le règne de celui à qui il empruntait son nom. La volonté du testateur n'est plus renfermée dans un cer-

1

cle si étroit; les formules subsistent; mais si le défunt
en a mal à propos employé une qui rend nulle sa
libéralité, on revient à la disposition qui lui offre le
plus de latitude ; et bien que, strictement, le legs ne
avoir aucun effet, on cherche à en permettre l'exécution.

Le sénatus-consulte Néronien, on le voit, tout en
adoucissant la rigueur du système formaliste, ne l'avait
pas renversé complétement; ce n'était pas en un jour
que l'on pouvait détruire cette nécessité des formules
et des symboles du vieux droit romain. Ce fut seulement trois siècles après, que le dernier coup lui fut
porté, sous le règne de Constantin II en 339, *ex con-
stitutionibus Divorum principum*, disent les *Institutes* de
Justinien, *solemnitas hujusmodi verborum penitus sublata
est*. Les quatre sortes de legs ne sont pas abrogées,
mais il n'y a plus de termes sacramentels ni de formules ; il faudra rechercher la volonté du testateur sans
en considérer l'expression.

Ainsi trois périodes jusqu'ici : d'abord formules
solennelles ; ensuite adoucissement à la rigueur de ce
système [1], puis enfin l'emploi de certaines paroles con-
sacrées est totalement supprimé (an 339 de J.-C.). La
quatrième période commence sous Justinien. Par une
constitution, *quam cum magna ferimus lucubratione*,
dit-il aux *Institutes*, toute différence est supprimée
entre ces legs, qui désormais auront la même nature.

Avant de parler de la législation de Justinien, reve-
nons aux quatre sortes de legs du droit primitif. Les

1. An 817 de Rome.

voici d'après Gaïus : *Aut* PER VINDICATIONEM *legamus, aut* PER DAMNATIONEM, *aut* SINENDI MODO, *aut* PER PRÆCEPTIONEM.

I. Legs *per vindicationem.* — Quelle était sa formule : *Lucio Titio hominem Stichum do, lego* ou *sumito capito, sibi habeto*? Son effet est de faire acquérir immédiatement la propriété au légataire. Ce n'est pas une action personnelle qu'il a contre l'héritier, c'est un droit réel qu'il possède sur la chose. En un mot il est propriétaire, il peut revendiquer. Voilà son action.

Mais à quel moment précis cette propriété est-elle acquise au légataire? A l'instant même de l'adition et à l'insu du légataire, suivant les Sabiniens; mais si plus tard il vient à répudier le legs, cette acquisition est considérée comme non avenue; elle s'évanouit. Mais tel n'était pas l'avis de Proculus et de son école. La propriété n'est acquise, d'après leur opinion, *quam si legatarius voluerit rem ad se pertinere.* Si l'on se demande dans ce dernier système à qui appartient la chose léguée tant que le légataire n'a pas eu cette volonté qui seule lui en fait acquérir la propriété, il faut répondre que dans cet intervalle elle est *res nullius.*

Suivant Gaïus une constitution d'Antonin le Pieux aurait fait prévaloir l'avis des Proculéiens; mais cette constitution ne semble pas avoir été suivie longtemps, car nous trouvons au Digeste un fragment de Papinien qui est en complète opposition avec elle [1]. « Le légataire, dit-il, reçoit directement la propriété de la chose léguée, comme l'héritier reçoit la propriété des choses

1. D. l. 80, *De leg.,* II.

héréditaires. Ainsi si la chose a été léguée purement et simplement et que le légataire n'ait pas ré-
pudié le legs, la propriété de cette chose passe directement sans le fait de l'héritier, de l'hérédité au
légataire. » C'est bien là la doctrine de Sabinus. Cette
opinion avait encore prévalu longtemps après Papinien ;
Marcien nous en fournit la preuve : « Une chose a été
léguée, et l'héritier, *deliberante legatario*, l'a livrée à un
autre. Dès que le légataire accepte le legs, la tradition
faite par l'héritier est nulle ; *si vero repudiaverit, valet* [1] ».
N'est-ce pas la condamnation évidente de la doctrine
des Proculéiens?

On ne peut léguer par le legs *per vindicationem* que les
choses dont le testateur a été *dominus ex jure Quiritium*
à la double époque de la confection du testament et de
sa mort. Une exception existe toutefois pour les choses
qui sont appréciables au poids, au nombre et à la mesure ; il suffit pour elles que le testateur en ait été propriétaire au moment de son décès. Gaïus donne pour
exemple du vin, de l'huile, du blé, une somme d'argent.

Si le testateur avait seulement *in bonis* la chose léguée, le légataire ne pouvant pas acquérir directement
un droit réel, le legs serait nul ; mais nous allons voir
qu'il pourrait valoir, en vertu du sénatus-consulte Néronien, comme s'il avait été fait *per damnationem*.

Ce sénatus-consulte modifie en effet la rigueur du
droit. Lorsque le legs est nul, comme étant fait *per vindicationem*, par exemple, quand le testateur a donné

---

1. D. I. 15, *De rebus dubiis.*

ainsi la chose d'autrui, le sénatus-consulte pour lui assurer son exécution le transforme en legs *per damnationem*. Il importe que les dernières dispositions du défunt soient exécutées; et, malgré le choix qu'il a fait de cette formule étroite, le sénatus-consulte lui donne dans l'expression de sa volonté la plus grande latitude qui ait jamais été reconnue par le droit romain.

Si le legs *per vindicationem* est fait sous condition, la chose léguée dans l'intervalle de l'adition d'hérédité et de l'arrivée de la condition appartient à l'héritier. Les Proculéiens, dit Gaïus, pensent autrement; dans ce laps de temps la chose serait *res nullius*. C'est leur opinion, nous l'avons vu, quand il s'agit de savoir à qui appartient, dans le cas d'un legs pur et simple, la chose léguée entre l'adition d'hérédité et l'instant où le légataire a la volonté de l'acquérir. Mais une assimilation complète entre ces deux hypothèses nous paraît difficile, et la même solution ne nous semble pas devoir être donnée nécessairement à l'une et à l'autre. Cette pensée peut s'appuyer sur les derniers mots du paragraphe de Gaïus qui sont tout en sa faveur [1].

II. Legs *per damnationem*. —En voici la formule : *Heres meus Stichum servum dare damnas esto*, ou encore *dato*.

La théorie de ce legs est bien opposée à celle du legs *per vindicationem*, et la formule nous fait tout d'abord saisir cette différence; ici le testateur ne s'adresse plus au légataire, c'est à son héritier qu'il parle, c'est lui qu'il condamne à donner telle chose. Aussi l'effet de ce legs est-il tout différent. Le défunt n'a pas fait passer

1. Gaïus, *Inst.*, II, § 200.

au légataire un droit de propriété ou un autre droit réel indépendant du fait de l'héritier, mais il a ordonné à ce dernier de fournir tel objet déterminé. Le légataire ne peut donc pas revendiquer, il n'a qu'une action personnelle, une *condictio*, qui lui permet de demander à l'héritier l'exécution des dernières volontés du défunt.

Il est facile de voir, cette théorie une fois comprise, quelles choses peuvent faire l'objet des libéralités du testateur. Lorsqu'il transmet directement la propriété au légataire, il faut bien qu'il ait eu lui-même cette propriété à la double époque de la confection du testament et de son décès. Mais s'il ne s'agit que de condamner l'héritier à procurer une chose au légataire, ces limites étroites n'existent plus pour la volonté du testateur, et elle peut se mouvoir aussi librement que possible. Le *de cujus* peut donner ainsi sa chose, celle de son héritier et toute *res aliena* en général. Dans cette dernière hypothèse, l'héritier doit se procurer la chose et la fournir au légataire ou lui en donner l'estimation.

On peut aussi léguer ainsi, dit Gaïus, une chose *quæ in rerum natura non est*, si toutefois elle doit exister un jour : par exemple, la récolte de tel champ, ou le fruit qui naîtra de telle esclave [1]. C'est le legs d'une chose future.

Dans le legs *per damnationem*, quelles sont les obligations de l'héritier ? Il faut qu'il acquière sur la chose léguée le droit de propriété pour pouvoir le transmettre

1. Gaïus, *Inst.* II, § 203.

au légataire. Si la disposition a pour objet une chose
de la succession, l'héritier en devient propriétaire par
l'adition. Il est alors tenu de la donner au légataire
et d'observer les modes d'acquisition de la propriété.
Si la chose est *nec mancipi*, la tradition suffira ; si elle
est *mancipi*, il faut en outre la *mancipatio* ou l'*in jure
cessio*.

III. Legs *sinendi modo*.

Sa formule est celle-ci : *Heres meus damnas esto sinere
Lucium Titium hominem Stichum sumere sibique habere*.

Si l'on considère la liberté accordée au testateur, ce
troisième genre de legs tient le milieu entre les deux
premiers dont nous avons parlé. Plus libre que dans le
legs *per vindicationem*, le testateur peut donner non-
seulement sa chose, mais celle de son héritier ; plus
limité que dans le legs *per damnationem*, il ne peut pas
léguer une *res aliena* en général. Toutefois, il n'est pas
nécessaire, dit Gaïus, que la chose léguée ait appar-
tenu au testateur ou à l'héritier à la double époque de
la confection du testament et de la mort du *de cujus* ;
s'ils en ont eu le *dominium* à ce dernier moment, *plane
utile legatum est*. Mais si l'héritier a acquis la chose seulement après la mort du *de cujus*, la plupart des jurisconsultes pensent que le legs est nul ; au reste, cette
solution ne pouvait offrir un véritable intérêt que dans
le droit primitif, car depuis le sénatus-consulte Néronien si le legs est nul comme étant fait *sinendi modo*,
il vaudra comme s'il eût été fait *per damnationem*.

Le legs *sinendi modo* donne au légataire une action
personnelle, une *condictio*. Il est clair qu'on ne saurait

parler de revendication, la propriété restant entre les mains de l'héritier jusqu'à ce qu'il ait exécuté l'obligation dont il est tenu.

Quelle est, au juste, l'obligation de l'héritier ? Au premier abord, on pourrait croire que son rôle doit rester complétement passif et qu'il peut se borner à permettre au légataire de prendre la chose. Il faut repousser cette interprétation, admise cependant par quelques jurisconsultes. L'héritier est tenu de la même obligation que dans le legs *per damnationem*. Si la chose est *nec mancipi*, la tradition suffira ; si elle est *mancipi*, il devra en outre avoir recours à la *mancipatio* ou à l'*in jure cessio*.

IV. Legs *per præceptionem*. — Le testateur s'exprime ainsi : *Lucius Titius hominem Stichum præcipito.*

Les Sabiniens et les Proculéiens étaient profondément divisés sur la nature de ce legs. Suivant les Sabiniens, il ne peut être fait qu'à celui qui est héritier pour partie. *Præcipere*, dit Gaïus, veut dire *præcipium sumere*. Celui qui a droit à une part de la succession comme héritier doit donc, en sa qualité de légataire, prélever la portion qui lui est léguée, puis il viendra comme héritier sur le reste des biens. Le legs serait donc nul s'il était fait à un étranger, et leur école est si absolue que Sabinus ne permettait même pas que ce legs valût par l'application du sénatus-consulte Néronien, car s'il faut effacer les vices de la formule et des paroles, il en est autrement de tout ce qui touche à la capacité des personnes. Mais Julien et Sextus sont moins absolus ; ils admettent l'application du sénatus-consulte, et ce n'est pas à dire pour cela qu'il modifie la capacité des personnes. Si le testateur eût choisi le legs *per damnationem* ou *per vindicationem*, nul doute qu'il ait été valable. C'est donc une erreur de formule, et le sénatus-consulte peut l'effacer, mais jamais il ne pourra rendre capable celui qui ne l'est point réellement, tel que le *peregrinus*, avec lequel la faction de testament n'existe pas.

Dans cette doctrine l'action donnée au légataire est l'action *familiæ erciscundæ*. Avec elle il obtiendra l'exécution du legs, le juge devra lui adjuger ce qui a été légué. Mais cette action ne peut porter que sur les choses qui font partie de la succession, d'où cette conséquence qu'on ne peut léguer ainsi que sa propre chose. Mais si le testateur donne une *res aliena*, bien que nul en droit civil, le legs vaudra par l'application du sénatus-consulte.

La doctrine des Proculéiens est tout opposée. Selon eux, le legs *per præceptionem* peut être fait à un étranger et il aura le même effet que s'il l'eût été *per vindicationem*. Leur doctrine revient à ceci : effacer du verbe de la formule la première syllabe, *præ*, qui fait naître tous les doutes. *Quæ sententia*, dit Gaïus [1], *dicitur divi Hadriani constitutione confirmata*.

Quelles seraient alors les actions des légataires? Nous avouons que la théorie en est assez compliquée.

Premier cas. — Le testateur a légué sa propre chose. Il a transmis directement au légataire, comme par le legs *per vindicationem*, le droit de propriété. Celui-ci pourra

1. *Inst.*, § 221.

revendiquer, peu importe du reste qu'il soit héritier
institué en étranger.

Second cas. — Le testateur a légué une chose qu'il
avait seulement *in bonis*. Si c'est à un étranger, le legs
vaudra en vertu du sénatus-consulte, comme legs *per
damnationem*; le légataire aura contre l'héritier une
action personnelle. — Si le legs a été fait à un héritier
institué, l'action *familiæ erciscundæ* est donnée au légataire.

Troisième cas. — Le testateur a légué une *res aliena;*
que ce soit à un héritier institué ou à un étranger, le
legs, nul en droit civil, vaudra en vertu du sénatus-
consulte Néronien.

Justinien, nous l'avons dit, par une constitution citée
aux *Institutes*, ramène tous les legs à la même nature.
Una sit natura! Sans dépasser les limites de notre sujet,
abordons l'étude des legs d'après ses *Institutes*.

CHAPITRE II.

DES LEGS D'APRÈS LES INSTITUTES DE JUSTINIEN.

Une transformation complète s'est opérée. Le vieux
droit romain, avec ses divisions et ses formules, n'existe
plus que comme souvenir. Mais ce changement radical
n'avait pas pu s'accomplir en un jour et la constitution de
Justinien n'était que la suite et le couronnement des
réformes successives intervenues sous Néron et Constantin II.

A partir de Justinien les legs sont confondus. *Una sit
natura!* Les distinctions rigoureuses et les subtilités du

droit primitif s'évanouissent, et cette unité commence
à produire ses heureux effets. La liberté du testateur
n'est plus resserrée dans une formule étroite; et pour
assurer l'exécution des dernières volontés des mourants,
Justinien leur accorde, quelles que soient les paroles
employées, l'*optimum jus*, c'est-à-dire le droit le plus
étendu que leur donnait le système formulaire.

Cette liberté toutefois ne saurait être sans limites, et
dans le droit de Justinien, comme dans l'ancien droit,
elle devait s'arrêter devant certaines prohibitions
d'ordre public. La chose qui n'est pas dans le commerce
ne peut pas faire l'objet d'un legs; toute disposition
faite dans ces conditions est radicalement nulle et ne
peut produire aucun effet. Si je vous lègue le Champ de
Mars, ou une église, ou encore un homme libre, ce
legs est nul; *nullius momenti legatum est* [1], il n'a jamais
existé; l'héritier n'est pas tenu de fournir au légataire
l'estimation de la chose. Il en est ainsi du *Forum*, des
jardins de Salluste, appartenant à l'empereur, et même
des biens particuliers de l'empereur qui formaient son
patrimoine et étaient administrés par son procureur.
Ils ne sont pas dans le commerce.

Quant à la chose qui est au pouvoir de l'ennemi, elle
peut faire l'objet d'un legs; elle est soumise au
jus postliminii; il faut excepter toutefois les armes de
guerre, que l'on ne pouvait jamais reprendre que hon-
teusement et auxquelles était refusé le bénéfice de
cette fiction.

La question est plus délicate s'il s'agit de la chose

---

1. *Inst.*, § 4, *De leg.*

qui appartient aux ennemis. Peut-on en faire l'objet d'un legs? Il faut répondre, je crois, par une distinction que semble indiquer un texte de Sabinus [1]. Si la chose par sa nature s'offre à l'idée d'une vente ou d'un commerce, si elle peut être achetée, comme, par exemple, de la pourpre de Tyr, pourquoi ne pourrait-on pas la léguer? Mais si elle se refuse à cette possibilité d'une acquisition, si c'est un fonds de terre, par exemple, la disposition serait nulle.

Lorsque la chose est hors du commerce, elle ne peut faire l'objet d'aucune disposition. Le testateur ajouterait en vain une condition à ce legs; en vain il aurait prévu le cas où la chose à sa mort serait dans le commerce, le legs est nul et de nul effet. Le lendemain du jour où le testament est fait, l'homme libre qui est légué devient esclave; peu importe : *nullius momenti legatum est.*

§ Ier. — LEGS D'UNE CHOSE FUTURE.

Le legs d'une chose qui n'existe pas est valable, *si modo futura est*, disent les *Institutes*, pourvu qu'elle soit à venir. Il est donc essentiel que la chose paraisse devoir exister ou puisse exister un jour. Nous trouvons en ce sens au Digeste un texte de Javolenus [2] : « Si je condamne mon héritier à donner à L. Titius cent boisseaux de froment du poids de cent livres chacun, le legs est nul. » Ofilius et Labéon sont de cet avis; il ne peut y

1. D. 2, 101, § 2, *De lég.* 1o.
2. L. 7, § 1, *De triti o vel vino leg.*

avoir de froment dont le boisseau pèse cent livres. *Quod verum puto*, ajoute Javolenus.

Citons, comme exemple d'une chose *quæ futura est*, l'enfant qui naîtra de telle esclave, le vin que produira telle vigne, ou bien encore les îles qui pourraient naître dans une rivière.

Une condition suspensive est nécessairement sous-entendue dans le legs d'une chose future, mais elle n'a point le même effet, suivant Papinien[1], qu'une condition formellement exprimée. Dans ce dernier cas, le *dies cedit* se place au moment de l'arrivée de la condition : de là cette conséquence que si le légataire meurt avant ce jour, le droit ne peut pas naître dans la personne de ses héritiers ; ce legs est caduc. Le legs porte-t-il, au contraire, sur une chose future, il est bien vrai de dire qu'une condition suspensive est sous-entendue, l'existence de la chose, mais l'effet n'en est plus le même. Dès maintenant *dies legati cedit*, et si le légataire mourait le lendemain du décès du testateur, il transmettrait un droit acquis à ses héritiers, et ceux-ci pourraient plus tard, quand elle sera devenue possible, demander l'exécution du legs. En un mot, c'est la théorie du *terme* opposée à celle de la *condition*.

§ II. — LEGS DE LA CHOSE D'AUTRUI.

Nous pouvons faire ici l'application des principes généraux dont nous avons parlé comme ressortant de la Constitution de Justinien. Dans l'ancien droit, le testateur pouvait léguer *per damnationem* la chose d'autrui,

---

1. D. L. 25, § 1, *Quando dies leg.*

il le peut donc encore sous Justinien, car, nous l'avons dit, sa liberté n'en est en rien amoindrie.

Quand le *de cujus* a disposé d'une *res aliena*, l'héritier est forcé d'acheter la chose léguée, puis il la donne au légataire. Mais il peut se faire que le propriétaire de la chose refuse d'en céder la propriété ; l'héritier doit donner alors l'estimation de la chose, disent les *Institutes* [1]. Cette estimation est fixée par le juge, mais ce n'est pas seulement dans l'hypothèse dont nous venons de parler qu'elle peut être donnée à la place de la chose ; il en est de même, suivant Gaïus [2], lorsque le propriétaire de la chose en demande un prix exagéré (*immodicum pretium*).

Un principe qui domine dans le legs de la chose d'autrui, c'est qu'il est nécessaire que le testateur sache bien que la chose léguée est une *res aliena*. S'il a entendu soumettre l'héritier à l'obligation souvent onéreuse de se procurer la chose d'autrui pour la donner au légataire, rien de mieux ; mais s'il a cru disposer de sa propre chose, et si en réalité il a légué une *res aliena*, la charge de l'héritier est alors bien plus lourde que le défunt ne l'eût voulu, et peut-être, s'il eût été éclairé à cet égard, se serait-il refusé à la lui imposer. Cette *connaissance* de la part du testateur est une condition essentielle de la validité du legs. Cette règle, posée par les *Institutes*, était aussi écrite dans un rescrit d'Antonin le Pieux.

Dans ce rescrit se trouve aussi résolue une question qui aurait pu faire naître bien des doutes. Une con-

1. § 4, *De leg.*
2. L. 14, *De leg.* 1º.

testation peut naître entre l'héritier et le légataire sur
le point de savoir si le testateur croyait bien léguer
la chose d'autrui. L'héritier soutiendra qu'il n'avait pas
cette *connaissance* ; le légataire affirmera le contraire.
La preuve est à faire ; à qui incombera-t-elle ?

Cette question est plus délicate qu'on ne le pourrait
supposer tout d'abord. La première solution qui se
présente à l'esprit est celle-ci : Le légataire doit
prouver, car c'est lui qui demande. *Ei incumbit probatio
qui dicit, non ei qui negat.* L'héritier le défend, il doit
attendre la preuve et la combattre [1]. Mais n'y aurait-il
pas des raisons de douter ? Le légataire vient prouver
que le défunt ne s'est pas trompé et savait bien que la
chose ne lui appartenait pas. C'est supposer l'erreur
en principe. Le rescrit d'Antonin cité aux *Institutes*
coupe court à toutes ces incertitudes : c'est au légataire qu'incombe le fardeau de la preuve.

Le principe que nous venons d'étudier souffre exception dans deux cas. Aux termes d'un rescrit de l'empereur Alexandre [2], le legs fait au conjoint est valable,
même si le testateur était persuadé que la chose lui
appartenait. Il en est de même si la libéralité a été faite
à un proche parent *(proximæ personæ)*. Cette règle a
pour but une présomption qu'il n'est pas permis de
combattre. Le testateur a pu se tromper, et, croyant
léguer sa propre chose, il a rendu plus lourde l'obligation de l'héritier. Mais, eût-il connu la véritable situa-
tion de la chose, la qualité de la personne du légataire

1. En ce sens Marcien. D. L. 21, *De probat.*
2. L. 10, C. *De leg.*

et les liens qui l'unissaient au défunt font présumer qu'il aurait maintenu sa disposition. Donc, aucune preuve à faire, elle n'aurait aucune raison d'être.

Voici la seconde exception : Le testateur qui peut léguer la chose d'autrui en général peut à plus forte raison léguer celle de son héritier. Il n'y pas lieu de rechercher si le *de cujus* a cru léguer ou non sa propre chose. De quoi l'héritier peut-il se plaindre ? Il est propriétaire de la chose, et l'obligation dont il est tenu envers le légataire n'est pas plus lourde que s'il avait trouvé cette chose dans la succession.

En principe donc, sauf ces deux exceptions, le legs de la chose d'autrui est nul quand le testateur l'avait crue sienne. Le contraire peut avoir lieu ; si le testateur a donné sa propre chose, persuadé qu'elle appartenait à autrui, la disposition est valable [1]. Dans la pensée du *de cujus*, la charge de l'héritier était plus lourde qu'elle ne l'est réellement ; son intention était bien arrêtée ; s'il a fait la libéralité ne se croyant pas propriétaire de la chose, *a fortiori* l'eût-il faite s'il n'avait pas été dans cette erreur.

Il en est de même si le testateur a cru léguer la chose du légataire. Le legs peut être exécuté. Cette règle des *Institutes* [2] trouvera, du reste, assez rarement son application ; il faut supposer que le testateur ait eu l'intention bizarre de faire une disposition nulle.

Le testateur peut avoir légué à une personne la chose qui lui appartient. Cette disposition est évidemment nulle quand la chose léguée reste toujours entre les.

1. *Inst.* § 11, *De leg.*
2. § 11, *De leg.*

mains du légataire. Quelle exécution pourrait-elle
recevoir? Mais le doute pourrait naître si la chose était
aliénée et si au moment de la mort du testateur elle
n'appartenait plus au légataire. Faut-il dire que le legs,
paralysé seulement dès le principe dans son exécution
doit vivre et produire son effet au moment où la
volonté du testateur peut être exécutée? Faut-il faire
au contraire à cette disposition l'application rigoureuse
de la règle Catonienne ? Le legs est nul, disent les
Institutes. Il faut avouer que si cette question n'était
pas tranchée formellement, elle aurait pu faire naître
des doutes bien sérieux. Deux textes au Digeste, l'un
d'Ulpien, l'autre de Celse sont à cet égard dans l'opposition la plus complète. Ulpien [1] admet l'application de
la règle Catonienne ; le legs ne vaudra jamais, dit-il,
quia vires ab initio non habuit. Celse [2] l'assimilait aux
dispositions conditionnelles et s'opposait formellement
à l'application de la règle Catonienne.

Dans un cas prévu par les *Institutes* [3] le legs de la
chose d'autrui peut être dépourvu de tout effet. Une
res aliena a été léguée avant la mort du testateur ; le
légataire en avait acquis la propriété. Quel sera son
droit? Que peut-il réclamer? Justinien répond à cette
question par une distinction très-juste. Expliquons-en
la pensée. Le testateur a voulu que le légataire devint
propriétaire de tel objet sans rien dépenser en retour.
Voilà le principe, il est facile d'en tirer des conséquences :

1. L. 41, § 2, *De leg.* 1°.
2. L. 1, § 2, *De reg. Cat.*
3. § 6, *De leg.*

2

1º Le légataire a acquis la propriété de la chose à *titre gratuit*. Le but que le défunt avait en vue est atteint dès cet instant. Le légataire a le *dominium* et il n'a rien donné en retour ; il est de principe que deux causes lucratives ne peuvent se cumuler : *duas lucrativas causas in eumdem hominem et in camdem rem concurrere non posse.*

2º Le légataire a acquis la propriété de la chose à *titre onéreux*. Le désir du testateur dans ce cas ne s'est pas accompli ; pour qu'il le soit réellement, le légataire doit être tenu indemne du prix qu'il a déboursé pour acheter la chose ; le défunt a voulu que cette acquisition fût toute gratuite. Ce n'est donc pas une estimation que l'héritier doit au légataire, c'est le prix de la vente, et le legs ne sera réputé avoir reçu son exécution que le jour où il le lui aura remboursé.

Les *Institutes* [1] prévoient le cas où deux testateurs auraient légué la même chose au même légataire. Je prends une espèce. Primus et Secundus, mes amis, devant qui j'ai manifesté le désir d'avoir tel cheval qui appartient à un tiers, me le donnent par leur testament. Quel sera mon droit ? Que pourrai-je réclamer à l'un et à l'autre ? Il faut distinguer : si l'héritier de Primus m'a livré le cheval légué, je ne peux plus rien demander à l'héritier de Secundus. Si l'héritier de Primus m'a remis l'estimation, je peux réclamer le cheval à l'héritier de Secundus. Nous avouons que malgré l'autorité des auteurs qui trouvent cette distinction logique, nous ne pouvons lui reconnaître le caractère d'une bonne solution. Le sort du second legs, parfaitement distinct du premier, fait

1. § 6, *De leg.*

dans un autre testament et par un autre testateur, va donc dépendre de la manière dont l'héritier de Primus aura exécuté son obligation. Si celui-ci n'a pas insisté auprès du propriétaire de la chose, et s'il n'a pu donner au légataire que l'estimation, ce dernier recevra le double de ce qu'il aurait eu si le tiers propriétaire avait cédé sans résistance. La fraude est en vérité trop facile. Nous trouvons du reste un texte d'Ulpien au Digeste [1] qui est contraire à cette doctrine : « *Si duorum testamentis mihi eadem res legata sit, bis petere potero ; ut ex altero testamento rem consequar, ex altero æstimationem* ». Je demanderai au premier la chose : au second son estimation.

Voici une autre hypothèse. Vous m'avez légué le fonds d'autrui, *fundus alienus*. De votre vivant j'en ai acheté la nue-propriété, et l'usufruit est venu s'y réunir. Je pourrai demander valablement le fonds ; le juge, déduction faite de l'usufruit, ordonnera de m'en donner l'estimation. Telle est l'opinion de Julien adoptée par Justinien aux *Institutes*. Nous avons deux remarques à faire. Ce n'est pas l'estimation de la nue-propriété, suivant nous, que le juge doit ordonner de fournir ; la règle posée par le paragraphe 6 de ce titre des *Institutes* est applicable à cette hypothèse. C'est le *prix* de la nue-propriété que l'héritier devra rembourser au légataire.

Notons encore ceci. Le légataire à qui il n'est dû que le prix de la nue-propriété devrait encourir la plus-pétition quand il demande le fonds en entier, *fundum,*

---

1. L. 34, § 2, *De leg.* 1º.

par exemple, le fonds Cornélien. Il n'en est rien ; Julien
l'explique. L'usufruit, dans la demande du légataire, ne
figure que comme une servitude ; c'est en effet une
véritable servitude ; or, dans la demande d'un
fonds, les servitudes sont toujours présumées taci-
tement déduites, et il n'encourt pas la plus-pétition
celui qui dans son action ne les a pas formellement
exceptées. Du reste, le mot *fundus* signifie quelquefois
nue-propriété [1]. Il n'y aurait plus alors de difficulté;
ou tout au moins si des doutes existaient à cet égard,
ils suffiraient pour qu'on n'appliquât pas au demandeur
la peine de la plus-pétition.

§ III. — LEGS D'UNE CHOSE HYPOTHÉQUÉE.

Au milieu des explications données par les *Institutes*
sur le legs d'une *res aliena* se trouve enclavé le paragraphe relatif au legs d'une chose *creditori obligata*. Ces
deux libéralités ont entre elles un rapprochement
incontestable. Nous avons vu combien il importait de
savoir si le testateur avait cru ou non léguer la chose
d'autrui. Une distinction analogue se reproduit ici et
avec la même importance. Le fonds Cornélien qui est
grevé d'une hypothèque fait l'objet d'un legs. Si le testateur a connu cette hypothèque, son héritier devra
dégager la chose, car il est présumé avoir voulu la transmettre libre de toutes charges. Le testateur ignorait-il
cette hypothèque, l'héritier se libère en livrant la chose
sans en modifier l'état. C'est au légataire, comme dans
le cas d'une *res aliena*, à faire la preuve demandée, mais

---

1. D. 50, 16, 25 pr. f. Paul.

elle doit être ici bien plus facile ; il faut même reconnaître qu'elle ne coûtera pas beaucoup de peine si
l'hypothèque a été consentie par le *de cujus*.

Nous avons remarqué que dans le legs de la chose
d'autrui le légataire était dans certains cas dispensé
par exception de la preuve qu'il avait à faire. C'était,
aux termes d'une constitution de l'empereur Alexandre,
lorsque le legs était fait au conjoint, au proche parent
du testateur. Un texte d'Ulpien [1] semble admettre que
dans le legs de la chose hypothéquée le légataire peut
quelquefois aussi être dispensé de toute preuve et l'héritier être tenu dans tous les cas de dégager la chose.
Est-ce suivant la qualité de la personne du légataire ? Il
ne le dit pas, mais en présence de la constitution d'Alexandre et du rapprochement si facile à faire entre ses
dispositions et notre hypothèse, on est autorisé à le
supposer.

Lorsque l'héritier n'est pas tenu de dégager la chose,
le légataire se trouvera soumis à l'action hypothécaire.
Il payera la dette, mais il ne la supportera pas en défi-
nitive, il aura un recours contre le débiteur, et de plus il
pourra exiger des créanciers qu'ils lui cèdent leurs
actions.

Lorsque c'est un usufruit qui grève la chose léguée,
la distinction doit être la même que pour une hypothèque. Le légataire devra toujours prouver la *connaissance*
du testateur, sinon la chose lui sera livrée dans l'état où
elle était entre les mains du défunt. Quant aux autres
servitudes, dit Papinien [2], il n'en est pas ainsi, l'héritier n'a jamais à en dégager la chose.

1. L. 57. D. *De leg.*
2. D. L. 66, § 6, *De leg.* 2⁰.

§ IV. — Legs de libération.

Un créancier peut léguer à son débiteur sa libération.
Cette disposition est valable : le texte des *Institutes* est
formel [1]. Cependant une objection aurait pu être faite
contre sa validité. Je vous dois un corps certain ; en
mourant vous me le léguez pour me libérer de mon
obligation. Qu'est-ce autre chose sinon le legs d'une
chose qui m'appartient? Je n'en suis pas moins propriétaire parce que je suis obligé. La disposition devrait
donc être nulle. Ce raisonnement est trop subtil pour
être admis ; Ulpien [2] affirme la validité du legs.

La forme des legs de libération peut être très-variée ;
le Digeste au titre consacré à cette disposition nous
donne de nombreux exemples de ces différences. Je puis
vous léguer votre libération ou ce que vous me devez.
Je puis encore vous léguer la chose qui est l'objet de
votre obligation. Je peux enfin défendre à mon héritier
de ne rien demander à mon débiteur ou au fidéjusseur,
ou je peux lui ordonner de tenir quitte de toute obligation Primus, qui a géré mes affaires, et, dans le cas
où il serait devenu mon débiteur, de ne rien exiger de
lui.

Le legs de libération n'est pas au nombre des modes
d'extinction des obligations. Selon l'ancien droit civil,
l'obligation subsiste toujours ; mais quand le débiteur
sera actionné, il répondra par l'exception de dol. Mais
le légataire n'est pas tenu de rester dans l'inaction et

1. § 13, *De leg.*
2. L. 1, *De liber. leg.*

d'attendre, pour être libéré, que l'héritier du testateur agisse. Il peut actionner l'héritier pour qu'il ait à le libérer par l'acceptilation. Dès lors, il n'a plus rien à craindre.

Tel est le principe écrit dans les *Institutes*, mais il peut se faire qu'il subisse des exceptions. Il pourra bien être appliqué si ma libéralité m'a été léguée, dans le cas où je suis seul débiteur, et il me sera permis, soit d'opposer l'exception si je suis actionné, soit de prévenir l'attaque et de demander à l'héritier l'*acceptilatio*. Mais si nous sommes deux débiteurs solidaires du défunt, je ne peux plus exiger de l'héritier l'*acceptilatio*. Qu'arriverait-il en effet ? Elle aurait pour résultat de libérer en même temps que moi mon débiteur, ce que le défunt n'a pas voulu. Dans ce cas, dit Ulpien [1], *pacto liberabor*. Le pacte, qui n'a aucun effet vis-à-vis de mon codébiteur, me met à l'abri des poursuites de l'héritier. Mais si au lieu d'être simplement solidaires les deux débiteurs sont associés, il faut décider que c'est par l'acceptilation que le légataire pourra obtenir sa libération. Autrement, libéré par un simple pacte qui n'aurait aucun effet vis-à-vis de son coassocié, il pourrait encore être inquiété par les poursuites que l'héritier aurait encore le droit d'intenter contre ce dernier. Tel était l'avis de Julien [2] : *Si quidem socii non simus pacto me debere liberari; si socii, per acceptilationem.* Il faut avouer que voici un associé qui va bénéficier bien heureusement de la libéralité faite à son coassocié. Son nom n'a pas figuré dans le

---

1. 23, § 3, *De liber. leg.*
2. L. 3, § 3, *De liber. leg.*

testament, et pourtant sa position est celle du légataire ! Il peut se faire, du reste, que le testateur, tout
en négligeant d'écrire son nom dans le testament, ait
pensé à lui en léguant cette double libération.

La créance peut être garantie par un fidéjusseur ;
étudions dans cette hypothèse l'effet du legs de libération. Je suis débiteur de Titius ; un fidéjusseur a garanti
cette dette. Titius par son testament me lègue ma libération. Je peux exiger de l'héritier qu'il me libère par
l'acceptilation. C'est l'avis de Julien [1]. Qu'arriverait-il
en effet si je devais me contenter du simple pacte *de
non petendo* ? L'héritier intenterait des poursuites contre
mon fidéjusseur resté son créancier, et celui-ci se retournerait ensuite contre moi. C'est donc l'acceptilation
qu'il faut. Il en serait autrement si le fidéjusseur était
intervenu *donationis causa*, et dans tous les cas où il
n'aurait aucun recours contre le débiteur. Celui-ci ne
pourrait exiger de l'héritier qu'un simple pacte, car
pour lui il a le même effet que l'acceptilation.

Il peut se faire aussi que le testateur ait légué la libération au profit du fidéjusseur seul. Sans aucun doute,
dit Julien [2], le légataire ne pourra demander que le
pacte *de non petendo*. Dans deux cas, exceptionnellement, il serait en droit d'exiger l'acceptilation, si c'est
réellement lui, fidéjusseur, qui est le débiteur principal et s'il est associé avec le débiteur. Dans ces deux
hypothèses, en effet, après avoir payé, le débiteur non
légataire se retournerait contre le fidéjusseur, et la
volonté du défunt ne serait pas écoutée.

1. L. 3, § 5, *De liber. leg.*
2. L. 5, *De liber. leg.*

§ V. — LEGS DE LA CHOSE DUE FAIT AU CRÉANCIER.

Quand un débiteur lègue à son créancier ce qu'il lui
doit, le legs est nul, aux termes des *Instituates* [1], s'il ne
contient rien de plus que la créance elle-même. Mais
si, au lieu de ne lui offrir aucun avantage nouveau, cette
disposition donne au légataire un droit plus étendu ;
si un débiteur vous lègue purement et simplement ce qu'il
vous devait, soit à terme, soit sous condition, le legs
est valable ; car vous pouvez agir dès aujourd'hui, ce
que ni votre droit conditionnel ni votre droit non
exigible ne vous permettaient de faire. Il en serait ainsi,
suivant l'avis de Papinien adopté par les *Instituates*,
même si l'échéance du terme ou l'accomplissement de
la condition surviennent du vivant du testateur.

Dans certains cas, par exception, le legs de la chose
due sans terme ni condition peut être parfaitement valable. Je suis tenu envers mon créancier d'une dette
pure et simple, mais je suis protégé par une exception.
Dans ces conditions le legs sera valable, ce sera en
quelque sorte la remise de l'exception. Ariston [2] donne
un autre exemple : si mon débiteur me fait le legs de sa
créance qui est garantie par une action prétorienne, il
vaudra parce que j'y aurai gagné une action civile.

Le legs de la dot fait à la femme est une autre exception au principe posé par les *Instituates*. Il est pur et
simple et pourtant il produit ses effets.

1. § 14, *De leg*.
2. D. L. 28, *De leg*. 1°.

Au Digeste, où un titre spécial lui est consacré, ce legs est ainsi désigné : « *De dote prælegata* ». Cette expression s'explique. Ce legs donne le droit à la femme d'exiger de suite sa dot, bien avant le temps où elle aurait pu la demander par l'action *de dote* : de là l'emploi de l'adverbe *præ*. Ulpien, de son côté, se sert de l'expression *dos relegata*, qui pourrait s'expliquer en ce sens que la dot semble plutôt être rendue que léguée.

Tout d'abord, que comprend ce legs de la dot ? Ulpien le dit [1] : « *Quod actione de dote inerat* », tout ce qui entre dans l'action dotale. Tel est aussi l'avis de Javolénus : *Quod in judicio dotis (mulier) consecutura fuerit*. De là certaines conséquences.

La femme apporte en dot des corps certains, sans estimation, des esclaves, par exemple ; s'ils ont péri, *in his legatum dotis evanescit*, dit Ulpien [2]. Le débiteur d'un corps certain est libéré par la perte de la chose.

La femme a promis une dot, mais elle ne l'a pas donnée. Elle ne retirera du legs que la libération de sa promesse.

Lorsque le testateur lègue une *res obligata*, l'héritier, nous l'avons vu, doit la dégager s'il est prouvé que le testateur connaissait l'hypothèque. Ici il en peut être autrement. Un mari a reçu en dot des choses hypothéquées. Il lègue à sa femme sa dot. L'héritier, dans cette hypothèse, ne sera pas tenu de dégager la chose, à moins que telle n'ait été la volonté du testateur formellement exprimée.

1. L. 1, *De dote præleg.*
2. L. 1, § 6, *De dote præl.*

Le principe de la disposition que nous étudions est donc celui-ci : le legs ne comprend que ce qui entre dans l'action *de dote* ; il ne contient jamais plus.

Mais alors quel avantage confère-t-il au légataire? Les *Institutes* disent: *plenius est legatum* [1]. En effet, il donne quelque chose de plus que l'action elle-même. L'ancien droit avait admis une distinction pour la restitution de la dot. Quant aux corps certains, le mari, qui est présumé les avoir gardés et être prêt à les rendre, n'a aucun délai pour les restituer. Mais il est juste de lui en accorder un pour les sommes et les quantités dont il a eu le droit de disposer. La restitution alors se faisait par tiers d'année en année (*annua bina trina die*). Justinien admet une autre distinction qui lui a été empruntée par notre Code Napoléon. Les immeubles doivent être restitués de suite ; les meubles, dans le délai d'une année. Mais ces délais n'existent plus pour la femme qui peut invoquer la qualité de légataire de sa dot. C'est pour elle un avantage sérieux. *Plenius est legatum!*

Mais que décider, disent les *Institutes*, dans le cas d'une semblable disposition, si la femme n'avait pas apporté de dot? Il faut admettre une distinction qui nous est donnée par un rescrit de Sévère et d'Antonin. Si le mari a dit : Je lègue à ma femme sa dot, la disposition est nulle ; mais si, au contraire, *certa pecunia, vel certum corpus in prælegando demonstrata sunt*, par exemple si le mari a dit : Je lègue à ma femme les 500 sous d'or ou tel immeuble que j'ai reçu en dot, le legs est valable

---

1. § 15, *De leg.*

en vertu du principe que la fausse démonstration ne vicie pas la libéralité.

§ VI. — Legs d'une chose avec ses accessoires.

Il y a une grande importance à reconnaître si une chose a été léguée avec ses accessoires ou si le legs a pour objet plusieurs choses distinctes. Dans le premier cas l'extinction du legs est complète, si la chose principale périt; dans la seconde hypothèse, il subsiste à l'égard des choses qui existent encore. Les *Institutes* [1] donnent pour exemple du legs qui porte sur plusieurs objets différents celui d'un esclave ordinaire avec ses vicaires. Si l'esclave meurt, le légataire pourra réclamer les vicaires. Mais au contraire, si un esclave a été légué avec son pécule, le pécule n'est que l'accessoire. Que l'esclave vienne donc à périr avant la mort du testateur, le legs est éteint pour le tout. La distinction à faire est donc d'une importance extrême.

Un second exemple de legs d'une chose avec ses accessoires est cité aux *Institutes* : c'est le cas où un *fundus instructus* a été légué. Disons d'abord que le legs d'un *fundus*, du fonds Cornélien par exemple, comprend tout ce dont le défunt était propriétaire sous la dénomination de ce fonds, c'est-à-dire les pâturages acquis avec le fonds, destinés à son usage, pourvu qu'ils aient toujours été compris sous le même nom. Il en serait ainsi, même dans le cas où le testateur, pour trouver plus facilement des locataires, aurait affermé ce fonds à plusieurs, à moins que l'héritier ne prouve que l'intention du

1. § 17, *De leg.*

testateur était de léguer une partie seulement [1]. Telle était l'opinion de Paul. Le legs d'un *fundus* comprend aussi les édifices construits sur le sol, à moins d'exception formelle de la part du testateur. Mais il ne s'étend pas aux choses mobilières en général. Si le testateur veut lui donner une extension plus grande, il doit léguer *fundum instructum*. C'est l'exemple des *Institutes*.

Le *de cujus* peut-il dire indifféremment *fundus instructus* ou *fundus cum instrumento* ? Suivant Labéon[2] ces deux expressions doivent avoir le même effet et il ne faudrait établir entre elles aucune distinction ; il en serait de même encore si le testateur avait dit : *fundus et instrumentum*. Mais Paul résiste à cette idée. A son avis il importe de distinguer : si le testateur a dit : *fundus cum instrumento*, c'est le legs d'une chose avec ses accessoires qui s'éteint pour le tout si la chose principale n'est plus dans la succession, à la mort du *de cujus*. Mais que le défunt ait employé l'une ou l'autre des deux autres expressions, le legs portera sur plusieurs objets distincts, d'où la conséquence que nous avons indiquée plus haut.

Si le défunt avait dit : *fundus ita ut instructus sit*, mon fonds ainsi qu'il est garni, suivant Sabinus et Cassius[3] le legs aurait une extension plus grande que si le défunt avait dit : *fundus cum instrumento*. L'attirail d'un fonds comprend ordinairement les objets destinés aux besoins et aux usages du fonds : les esclaves régisseurs

1. L. 86, § 1, *De leg.*
2. D. *De instructo vel instr. leg.*
3. L. 12, § 27, *De inst. vel inst. leg.*

des fermes ou surveillant les travaux des esclaves employés à la culture de la terre , — les esclaves subal-
ternes, — les bœufs qui traînent la charrue, — les
troupeaux qui s'engraissent sur les prairies. — les instruments aratoires, — les pressoirs et cuves , etc...
Dans l'hypothèse où le testateur aurait dit : mon fonds
ainsi qu'il est garni, *ita ut instructus sit*, il faudrait
étendre le legs à tout ce que le père de famille a transporté sur ce fonds, dans une idée de luxe ou de confor-
table. Le testateur, dit Ulpien, est censé léguer non
pas les ustensiles du fonds, mais les siens propres , par
exemple le vin qu'il avait transporté pour en faire sa
boisson ordinaire ; les vêtements dont il se servait dans
cet endroit quand il quittait la ville et les objets de
luxe qui pouvaient s'y trouver.

· Quant à la question de savoir si Paul aurait regardé
la libéralité ainsi faite comme portant sur plusieurs
objets distincts, elle ne peut pas faire de doute. Ce ne
serait que le legs d'une chose avec ses accessoires.

§ VII. — Legs d'un troupeau ou de toute chose qui
s'est accrue ou diminuée depuis la confection du testament.

Aux termes *des Institutes*, lorsqu'un troupeau légué
est réduit même à une seule tête, le légataire peut
revendiquer ce qui reste. Réciproquement, si un troupeau s'est accru depuis la confection du testament, cette
augmentation profite au légataire ; c'est l'avis de Julien
adopté aux *Institutes*.

Mais il faut bien remarquer qu'il ne s'agit ici que des

accroissements survenus entre la confection du testament et le *dies cedit*. C'est un effet de l'arrivée du *dies cedit* de déterminer la chose que le légataire pourra plus tard revendiquer, de fixer sur la consistance du legs. Une fois cette heure sonnée, plus d'adjonction possible au profit du légataire ; il n'aura jamais droit à la chose qu'en l'état où elle se trouvait au jour du *dies cedit*. Quant aux diminutions survenues par cas fortuit, il sera bien forcé de les supporter.

Il est donc d'une importance extrême, surtout lorsqu'il s'agit d'une universalité susceptible d'augmentation, comme dans le legs d'un troupeau, de savoir à quel moment précis se place le *dies cedit*. Car une fois arrivé, la consistance du legs, c'est-à-dire le nombre des têtes du troupeau sera fixé. Si le légataire bénéficie des adjonctions antérieures à ce moment, il n'a aucun droit aux brebis nouvelles qui auraient été ajoutées depuis.

Selon les règles de l'ancien droit, le *dies cedit* se plaçait pour le legs pur et simple à l'instant de la mort du testateur. Il en était de même pour le legs à terme ; mais bien entendu le légataire ne pouvait agir avant l'expiration du terme. On disait, pour marquer le moment où le droit devenait exigible : *dies venit*. Dans le legs pur et simple, le *dies venit* se place au moment de l'adition d'hérédité. Pour les legs faits sous condition suspensive, le droit n'était acquis qu'à l'arrivée de la condition.

La loi Papia Poppæa modifia la théorie du droit ancien. Désormais le *dies cedit*, pour le legs pur et simple ou à terme, se place non plus à la mort du testateur, mais au jour de l'ouverture du testament : ce qui s'en-

tend du testament authentique et non d'une copie que
le *de cujus* aurait pu en faire. Toutefois, s'il y a deux
originaux du testament, tous les deux authentiques, il
suffit que l'un ait été ouvert. Quant aux legs condition-
nels'les principes du vieux droit sont respectés.

Justinien fait revivre ces principes pour les trois
sortes de legs [1]. Le *dies cedit* se place au jour de la mort
du testateur pour le legs pur et simple et à terme, au
jour de l'arrivée de la condition pour les legs condi-
tionnels. Il faut bien remarquer que nous entendons
par le mot *terme* un terme certain (*dies certa*) qui doive
nécessairement arriver, les centièmes calendes de jan-
vier par exemple. Mais si le terme est incertain, ainsi
lorsque le légataire sera marié, lorsqu'il sera magistrat,
c'est plutôt une condition, et il faudrait appliquer les
principes du legs conditionnel.

Les règles que nous venons d'exposer souffrent quelques exceptions. Pour un legs d'usufruit, d'usage ou
d'habitation, c'est-à-dire d'un droit qui ne passe pas
aux héritiers du légataire, le *dies cedit* se place à l'a-
dition d'hérédité seulement. Si au lieu d'être pur et
simple, le legs d'usufruit est à terme, si un usufruit a
été donné pour en jouir après tel jour, le *dies cedit* sera
reculé jusqu'à ce terme.

Exceptionnellement encore le *dies cedit* se place à
l'adition d'hérédité pour les legs faits en faveur des
esclaves du *de cujus*. Entre la mort du testateur et l'adition d'hérédité, l'esclave n'a d'autre maître que la succession et ce n'est pas pour la succession qu'il peut
acquérir : l'émolument et l'obligation du legs, dit Ju-

1. C. VI. 51. 1. § 1.

lien [1], ne peuvent pas être réunis dans les mêmes mains. Le legs serait nul si le *dies cedit* n'était pas reporté à l'adition d'hérédité.

Il en est ainsi dans le cas où l'esclave est en même temps affranchi par le testament. La liberté ne lui est due qu'à l'adition d'hérédité. L'équité commandait de ne pas placer l'échéance du droit avant cette époque.

Hors ces exceptions, les principes que nous avons exposés reprennent leur empire et nous savons quelle importance ils ont dans l'étude du legs sous le titre duquel nous les avons placés.

Aux termes des Institutes [2], le legs d'un édifice comprend les marbres et les colonnes ajoutés depuis la confection du testament. L'accroissement profite au légataire. Si le testateur, après avoir légué le fonds Cornélien, y ajoute un autre terrain, le légataire bénéficiera de cette adjonction, à la condition toutefois que le champ nouveau n'ait pas été possédé séparément du fonds principal ou qu'il ait été compris sous sa dénomination.

Pomponius [3] donne un exemple assez curieux : Si j'ai légué une statue et qu'ensuite j'y aie ajouté le bras d'une autre statue, le légataire pourra la redemander dans cet état.

Il en est de la diminution de la chose comme de son accroissement; elle concerne le légataire à la condition toutefois qu'elle ne soit pas survenue par le fait de l'héritier. Le testateur après avoir légué séparément les

1. L. 17, D. *Quando dies leg.*
2. § 19, *De leg.*
3. L. 14. D. *De auro arg. leg.*

fonds Titien et Cornélien a retranché un champ du premier pour l'ajouter au second. Le légataire du fonds
Cornélien a droit au terrain réuni au fonds légué. Le
légataire du fonds Titien supportera cette diminution.
Il en serait de même d'une maison qui aurait brûlé en
partie. Fût–elle détruite tout entière, Pomponius [1] dit
que le sol pourra être revendiqué : *Area possit vindicari.*

§ VIII. — Du legs d'un pécule.

Titius affranchit son esclave : s'il lui donne son pécule, le doute n'est pas possible ; mais s'il garde le
silence à cet égard, que doit–on décider ? Les Institutes [2], ainsi que l'avaient fait Sévère et Antonin, admettent sur ce point une distinction. L'esclave a été
affranchi entre vifs et son maître a gardé le silence sur
son pécule ; il est censé lui avoir légué.— S'il est affranchi dans les mêmes conditions par testament, le pécule
reste dans l'hérédité. Cette différence peut s'expliquer
ainsi : si le maître en affranchissant de son vivant son
esclave a souffert qu'il retînt son pécule, c'est qu'évidemment il a eu l'intention de le lui laisser. Il n'en est
plus ainsi dans l'affranchissement par testament ; la
volonté du maître n'est plus évidente ; la décision doit
être différente.
Il n'est pas besoin du reste que l'intention du testateur de léguer le pécule à l'esclave qu'il affranchit
par testament soit formellement exprimée ; elle peut
résulter des circonstances. Dans cette espèce, par

1. L. 22. D. *De leg.* 1o
2. § 20, *De leg.*

exemple : un maître donne la liberté à son esclave sous la condition de rendre ses comptes et de donner aux héritiers une somme de cent, le testateur a voulu que l'esclave retînt son pécule ; sa pensée ressort claire- ment de l'ensemble de la disposition.

Le legs d'un pécule comprend non-seulement des choses corporelles, telles que les sous-esclaves de l'es- clave légataire et même les vicaires de ces sous-esclaves, mais aussi les créances du pécule. Mais cet affranchi ne peut pas immédiatement exercer les actions qui entrent dans son pécule : étant esclave, c'est pour son maître qu'il avait acquis ces actions ; pour qu'il puisse agir, il devra forcer les héritiers à les lui céder.

Le legs du pécule comprend les créances dont l'hé- ritier est débiteur envers l'esclave. Mais comprend-il ce que le maître doit à l'esclave légataire ? Non, aux ter- mes d'un rescrit de Sévère et d'Antonin [1] : « *cum pecu- lium servo legatur non etiam id conceditur, ut petitionem habeat pecuniæ quam se in rationem domini impendisse dicit.* » Mais il pourrait réclamer cet argent si telle avait été l'intention du testateur ; dans tous les cas, il est certain, dit Ulpien, que l'esclave pourrait, avec cette créance sur son maître, compenser ce qu'il doit à ce- lui-ci.

Aux termes des *Institutes*, ce qui vient accroître ou diminuer le pécule du vivant du testateur profite ou préjudicie, sans nul doute, au légataire. Mais quant aux acquisitions faites par l'esclave depuis la mort de son

1. L. 6, § 4, D. *De pecul. leg.*

maître et avant l'adition d'hérédité, Julien admet une distinction.

Avant de l'exposer, disons qu'on ne fait ici que l'application des principes que nous avons étudiés en parlant du *dies cedit* : une fois ce moment arrivé, la consistance du legs est fixée ; les adjonctions nouvelles ne sont pas pour le légataire.

1er *cas :* Le pécule a été légué à l'esclave affranchi ; le *dies cedit* se place dans ce cas exceptionnellement au jour de l'adition d'hérédité ; l'esclave profitera donc des acquisitions nouvelles faites jusqu'à ce moment.

2e *cas :* Le pécule a été légué à un autre que l'esclave affranchi. Le *dies cedit* arrive à la mort du testateur ; le légataire n'aura aucun droit à l'augmentation survenue depuis ce jour.

Il faut excepter toutefois de cette règle les accroissements qui proviennent des choses même du pécule, *ex peculiaribus*, par exemple, les enfants des esclaves, les petits animaux ; mais quant aux augmentations qui ne viennent point de cette source, telles que les choses réunies au pécule par les travaux de l'esclave ou par toute autre cause, elles ne sauraient profiter au légataire.

§ IX. — LEGS DE CHOSES INCORPORELLES [1].

Comme les choses corporelles, elles peuvent faire l'objet d'une libéralité. Le testateur peut léguer ce qui lui est dû ; c'est le legs d'une créance. Mais cette dispo-

1. § 21, *De leg.*

sition ne pouvait pas avoir pour effet de donner *de plano*
au légataire le droit d'intenter les actions qui étaient
entre les mains du défunt. Les principes rigoureux du
droit romain s'y opposaient. L'obligation est un lien
de droit entre deux personnes déterminées : ici entre
le débiteur et le *de cujus*. Le droit romain n'admettait
pas que l'on pût changer l'une de ces personnes sans
modifier l'obligation. L'héritier, il est vrai, est bien toujours créancier comme l'était le défunt, mais c'est qu'il
représente et continue sa personnalité juridique ; c'est
la même personne avec l'ensemble de tous les droits
actifs et passifs.

Pour échapper à la rigueur de ces principes l'héritier
cédait alors ses actions comme créancier au légataire
qui avait la position d'un mandataire; il agissait comme
procureur de l'héritier, mais il gardait le profit retiré
(*procurator in rem suam*).

Une fois que l'héritier a cédé ses actions, il ne doit
plus rien, *nihil amplius ex hoc legato quam actiones suas
heres præstare debet* [1]. Il n'est tenu à aucune garantie.

§ X. — LEGS QUI CONSISTENT DANS L'OBLIGATION DE FAIRE
OU DE NE PAS FAIRE IMPOSÉE A L'HÉRITIER.

Les *Institutes* [2] nous en donnent des exemples :

*Damnas esto heres domum illius reficere vel illum ære
alieno liberare.* Ces dispositions sont parfaitement valables. Il en serait autrement toutefois si le testateur

1. D. § 105, *De leg.* 1°.
2. § 21, *De leg.*

avait chargé son héritier de faire une chose contraire aux bonnes mœurs ou à la loi. Scœvola [1] regarde comme contraire à la loi le legs qui consiste dans l'obligation imposée à l'héritier d'adopter telle personne. Cette personne n'aura donc pas d'action.

Le testateur peut interdire à son héritier de faire telle chose qui devrait nuire au légataire. Par exemple je défends à mon héritier de demander à Titius mon créancier ce qu'il a indûment reçu de moi [2]. J'ai pu payer par erreur de fait une somme trop forte à mon créancier. J'ai contre lui la *condictio indebiti*; j'interdis à mon héritier d'exercer cette action.

§ XI. — Legs d'un genre.

Ce legs est valable. Je puis léguer une esclave, un cheval; mais il est nécessaire que la chose soit définie d'une manière certaine. Je lègue une maison; cette disposition sera valable si je laisse des maisons dans ma succession, mais s'il n'y en a aucune dans mes biens elle sera nulle; l'héritier pourrait prétendre se libérer en donnant le plus petit amas de pierre, la plus mauvaise baraque.

Aux termes des *Institutes* [3], le choix appartient au légataire. Il n'en avait pas été toujours ainsi dans l'ancien droit; une distinction était admise. Si le legs est fait *per vindicationem*, le choix appartient au légataire. Dans le legs *per damnationem* le choix appartient

1. L. 41, § 8, D. *De leg.* 3°.
2. L. 24, D. *De leg.* 3°.
3. § 22, *De leg.*

à l'héritier. Depuis Justinien c'est le légataire qui choisit, sauf disposition contraire de la part du testateur.

Du reste, disait Gaius Cassius [1], le légataire ne doit ni choisir la meilleure chose, ni recevoir la moins bonne. Tel paraît être l'avis de Sévère dont un rescrit défend, dans le cas du legs d'un esclave quelconque, de choisir l'esclave régisseur.

§ XII. — DU LEGS D'OPTION.

On appelle ainsi le legs qui a pour objet l'option de choses à choisir sur tout un genre. Ainsi je lègue à Séius le choix parmi mes esclaves. L'option du reste peut être déférée à un autre qu'au légataire, par exemple : je lègue à Séius les esclaves que Titius aura choisis.

Suivant le droit ancien un pareil legs renfermait une condition tacite : le légataire devait faire personnellement le choix qui lui était déféré. Le *dies cedit* se plaçait donc au moment où cette option est accomplie ; c'est l'arrivée de la condition suspensive. Si le légataire mourait avant ce jour, il ne transmettait aucun droit à ses héritiers. En raisonnant d'après cette doctrine, on peut se demander quelle influence aurait sur la nature du legs la réduction du genre au nombre d'espèces fixé dans le testament. Ainsi : « sur quatre bracelets je vous en lègue deux à votre choix ». Le legs est conventionnel ; c'est au moment où vous accomplirez l'option

1. L. 37, D. *De leg.* 1°.

qu'il faudra placer le *dies cedit*. Mais si deux bracelets restent seulement, le legs est-il nul? Non, dit Pomponius[1]; bien mieux, de conditionnel qu'il était il devient pur et simple.

Avant de faire son choix, le légataire peut demander, par l'action *ad exhibendum*, à se faire représenter les choses comprises dans la disposition. Si cent amphores de vin, par exemple, vous ont été léguées à votre choix, vous pouvez goûter les pièces de vin que le *de cujus* aura laissées dans sa succession.

Une constitution de Justinien, mentionnée aux *Instilutes*, change entièrement la nature du legs d'option. La disposition n'est plus conditionnelle, comme dans le droit ancien, elle est pure et simple. Le *dies cedit* se place au jour de la mort du testateur. Autre principe, autres conséquences : le légataire qui meurt sans avoir fait son choix transmet désormais en mourant son droit à son héritier.

Dans le cas où il y aurait plusieurs colégataires d'option, ou plusieurs héritiers d'un légataire décédé avant d'avoir opté, s'ils ne peuvent s'accorder sur le choix, le hasard décidera. Celui que le sort aura favorisé imposera son option aux autres.

Le légataire devra choisir sur les choses que le testateur possédait au temps de son décès, et il pourra le faire parmi les meilleures. On peut choisir parmi les esclaves même celui que l'héritier a affranchi. On peut encore choisir l'esclave que le testateur a légué à une autre personne. Le légataire de l'option et le légataire

---

1. L. 8, § 1, D *optione vel elect. leg.*

de l'esclave concourront alors chacun pour moitié sur sa propriété.

Mais le choix de l'héritier ne pourrait pas porter sur l'esclave à qui le testateur a donné la liberté, même conditionnelle, ni sur un esclave à qui il est nécessaire de faire subir la question, par exemple, s'il est accusé par les héritiers d'avoir altéré l'écriture du testament.

La Constitution [1] de Justinien prévoit le cas où l'option a été déférée à un autre qu'au légataire. Voulant faire cesser les doutes qui existaient dans l'ancien droit, Justinien décide que si dans l'année qui suit le décès du testateur le tiers désigné n'a pas accompli l'option, le choix passe au légataire lui-même. Dans cette hypothèse, toutefois, il ne pourra pas prendre la meilleure des choses que comprend le legs, mais celle d'une valeur moyenne. Autrement, en voulant prêter secours au légataire, cette règle pourrait porter préjudice à l'héritier.

1. C. VI. 43. L. 3, § 1.

SECONDE PARTIE.

ACTIONS DES LÉGATAIRES.

Nous avons vu, en étudiant les quatre sortes de legs de l'ancien droit romain, quelles étaient les actions données au légataire. La théorie en était bien simple et leur nature ressortait clairement de l'effet attribué à chaque sorte de legs. Le legs *per vindicationem* transfère la propriété ; il est bien facile de savoir quelle sera l'action du légataire. Il est propriétaire ; il aura la revendication.

Si le legs est fait *per damnationem*, son effet est tout différent ; il rend le légataire créancier de l'héritier. L'action donnée sera donc une *condictio*, une action personnelle. Même action pour le legs *sinendi modo*, car dans ce legs encore le légataire n'a acquis qu'un simple droit de créance. Quant à l'exécution du legs *per præceptionem*, elle s'obtenait par l'action *familiæ erciscundæ*.

Tel était, dans le droit ancien, le mécanisme des actions. Nous connaissons les changements intervenus avant Justinien, les tempéraments apportés aux rigueurs du système formulaire, et enfin la législation nouvelle de cet empereur : unité dans les legs, unité dans les effets produits, unité dans les actions données.

Cette unité dans les actions était une conséquence forcée de l'unité dans les legs. Quand le système formulaire accordait différents effets à la volonté du défunt et lui permettait de donner tantôt un droit de propriété, tantôt un simple droit de créance, il fallait bien adapter à chacun de ces legs une action spéciale.

Depuis Justinien, tout légataire a non-seulement l'action personnelle, mais encore l'action réelle et l'action hypothécaire.

§ 1er. — ACTION PERSONNELLE OU *ex testamento*.

Cette action est donnée au légataire s'il était *sui juris* au jour du *dies cedit*; dans le cas contraire, à celui sous la puissance duquel il se trouvait à cette époque. C'est là un effet très-important de la théorie du *dies cedit*. De même que nous avons vu, lorsqu'il s'agissait d'universalités susceptibles d'accroissements ou de diminutions, le *dies cedit* fixer la consistance des objets légués, ainsi il détermine ici les personnes qui doivent recueillir le legs. C'est donc à ce moment qu'il faut se placer pour savoir à qui on doit donner l'action personnelle. Peu importe, du reste, les changements qui peuvent survenir postérieurement dans l'état du légataire. Séius est esclave de Titius au moment du *dies cedit* ; il acquiert le legs à son maître ; il peut devenir libre ensuite, ce changement est indifférent, c'est toujours Titius qui recueillera le legs.

Non-seulement le *dies cedit* fixe la consistance du legs et détermine la personne, mais il a encore un autre effet relatif à la transmissibilité du droit. Si le légataire meurt avant le *dies cedit*, la disposition est caduque et ne profite point aux héritiers. Ils trouvent.

au contraire, le droit dans la succession quand le légataire est mort après l'ouverture du legs ; ce n'est, à
proprement parler, qu'une espérance, qu'un droit
éventuel, car l'héritier peut refuser, les legs peuvent
s'évanouir, mais cette espérance et ce droit éventuel
(c'est là une conséquence de la théorie du *dies cedit*),
sont transmissibles aux héritiers.

L'action personnelle est donnée contre l'héritier. S'il
y a plusieurs héritiers elle est donnée contre eux tous ;
il en serait ainsi, même si le testateur avait chargé un
de ses héritiers spécialement de s'acquitter du legs
entre les mains du légataire. Le légataire aurait toujours le droit de choisir l'héritier pour demander l'exécution du legs. Africain [1] dit même que l'héritier à la
charge duquel a été mis le legs doit donner caution à
ses cohéritiers de les tenir indemnes si c'est à eux que
le légataire s'adresse.

Il est bien évident, du reste, que les héritiers de celui
qui était tenu par l'action personnelle en sont tenus
comme lui. Peu importe que l'héritier ait été ou non
grevé nommément du legs. C'est ce que prouve un
exemple cité par Scœvola [2]. Moderatus avait été chargé
nommément de fournir des aliments aux affranchis du
de cujus ; après la mort de Moderatus il fut décidé qu'il
n'était pas seul grevé du legs et que ses héritiers devaient en être tenus.

Lorsque plusieurs héritiers sont tenus de l'action
personnelle, elle se divise de plein droit entre eux,

1. L. 107, *De leg.*
2. D. L. 16, *De aliment. leg.*

chacun d'eux ne doit supporter le legs que dans la proportion de sa part héréditaire. Soient trois héritiers ; le
légataire ne pourra demander à chacun d'eux que le
tiers de la somme léguée. Il n'y avait à cet égard aucun
doute quand le testateur s'était abstenu de désigner
par leurs noms les héritiers qu'il grevait de libéralités.
Mais si le défunt avait désigné par leurs noms les héritiers chargés du legs, des controverses naissaient.

Titius a institué Primus, Secundus et Tertius, le premier pour six onces, les deux autres pour trois onces
chacun. Puis après avoir légué 100 à Mævius, il a dit :
Primus, Secundus et Tertius sont chargés de ce legs.
Quelle sera vis-à-vis de chacun d'eux l'étendue de l'action du légataire ?

Les jurisconsultes étaient loin de s'accorder sur la
solution à donner. Neratius [1] admet sans hésiter que les
héritiers sont tenus par portions égales. En les dési-
gnant par leurs noms, le testateur a eu l'intention de
les grever tous également ; mais *si nominati non essent,
hereditarias partes debituri essent.* Dans notre exemple,
chaque héritier serait donc tenu pour un tiers. Cette
opinion se rapproche de celle de Pomponius [2] ; il admet
toutefois une restriction importante. Si tous les héritiers
institués ont été grevés nominativement d'un legs,
leur position n'est point changée par cette désignation ;
ils seront tenus en proportion de leur part héréditaire.
Dans l'exemple choisi, Primus paiera 50 au légataire
Mævius ; Secundus et Tertius chacun 25 ; jusque-là il
est en opposition complète avec Neratius. Mais, dit

1. L. 124, D. *De leg.* 1°.
2. *Id.* L. 54.

Pomponius, si une partie des héritiers seulement a été nommément grevée, chacun doit supporter une portion égale. Ainsi, dans notre hypothèse, si le défunt avait dit, après avoir avoir légué 100 à Mævius : Primus et Secundus sont chargés du legs ; ces deux héritiers devraient être tenus dans une égale mesure de l'action personnelle.

Cette doctrine est combattue par Sabinus et Cassius. Suivant eux, que les héritiers aient été nommés ou non, ils ne sont jamais tenus qu'en proportion de leur part héréditaire [1].

Le legs peut quelquefois être dû solidairement par plusieurs héritiers ; par exemple, dit Paul [2], tel ou tel héritier donnera cent pièces d'or à Séius. *Potest Seius ab utro velit petere.* On suit alors les règles de la solidarité.

Aux termes d'un rescrit de Marc-Aurèle, les héritiers sont tenus solidairement quand le testateur a légué un ouvrage à faire pour la ville [3]. Il devait en être ainsi, suivant le même rescrit, pour le legs d'une statue, d'une servitude ou de toute autre chose non susceptible de division.

Hors ces cas, le légataire ne peut poursuivre chaque héritier que proportionnellement à sa part ; l'obligation se divise entre eux. Quant à la part de l'insolvable, elle n'est pas supportée, dit Modestin [4], par ses cohéritiers.

L'action du légataire porte non–seulement sur la

1. D. L. 17, *De duobus reb.*
2. L. 25, *De leg.* 3°.
3. L. 11, § 23, D. *De leg.* 2°.
4. L. 33, *De leg.* 2°.

chose léguée, mais aussi sur ses accessoires nécessaires. Les fruits et produits de la chose sont dus par
l'héritier depuis qu'il a été mis en demeure, c'est-à-
dire depuis la demande du legs. Il devra donc livrer les
enfants des esclaves, les successions ou les legs échus à
un esclave légué, et tout ce qui a été acquis par lui
depuis qu'il a été mis en demeure.

Mais cette règle, qui cadre parfaitement avec la nature de l'action personnelle, ne s'applique plus si le
légataire exerce la revendication ; nous verrons qu'il a
droit alors aux fruits depuis le *dies cedit*.

Il faut appliquer aux intérêts des sommes d'argent ce
nous avons dit des fruits. L'action *ex testamento* comprend aussi les dommages causés par le dol de l'héritier.

Si l'héritier est grevé d'un legs *in faciendo* et s'il n'a
pas exécuté la volonté du défunt, il est tenu par l'action personnelle de l'intérêt qu'avait le légataire à ce
que la chose fût faite. Dans le cas où le legs a pour
objet une permission donnée au légataire, celui-ci, s'il
a été empêché de faire ce que le testateur lui avait permis, a l'action personnelle pour faire réparer le dommage que lui a causé l'empêchement apporté par
l'héritier.

§ II. — Action réelle ou revendication.

C'est là cette action donnée dans le système formulaire au légataire quand le testateur avait choisi le legs
per vindicationem. Le légataire recevait la propriété ; il
avait la revendication, cet attribut de la propriété.

Justinien veut que tout légataire possède désormais cette action. Mais évidemment il est des cas dans lesquels il ne pourra pas revendiquer la chose léguée.

Si le testateur a légué une *res aliena*, cette disposition n'a pas pu avoir pour effet de transférer directement la propriété au légataire ; il n'aura, pour demander l'exécution du legs que l'action personnelle. Il en est encore de même si le legs est d'une chose incertaine, d'un objet déterminé seulement quant à son espèce. *Si in rem aliquis agat,* dit Paul [1], *debet designare rem, et utrum totam, an partem et quotam petat ; appellatio enim rei non genus sed speciem significat.* Ces principes de la revendication ne peuvent s'accorder, on le voit, avec l'incertitude du légataire, quand la disposition n'a pas pour objet un corps certain.

Quand le légataire a en mains les deux actions réelles et personnelles, il a avantage au point de vue des fruits à se servir de la revendication. Par l'action *ex testamento* il n'aura que les fruits perçus par l'héritier depuis qu'il est en demeure ; par l'action réelle, il pourra demander les fruits depuis l'instant où le droit s'est fixé dans sa personne, depuis le *dies cedit.*

C'est là un avantage sérieux de la revendication ; mais si l'héritier est de bonne foi, s'il ignorait le legs, par exemple, il n'est pas obligé de tenir compte des fruits qu'il a consommés. Il doit en être ainsi, dit Pothier, tant que le légataire n'a pas encore demandé la délivrance dans le cas même où l'héritier connaît le testament, car il ne sait pas si le legs sera accepté ; il

---

1. L. 6, D. *De rei vindic.*

est de bonne foi, et il ne sera pas obligé de tenir compte
des fruits consommés.

On peut donc ainsi résumer ces diverses règles :

Par l'action personnelle, le légataire n'a droit aux
fruits perçus que depuis sa demande.

Par l'action réelle, il a droit aux fruits perçus depuis
le *dies cedit*, excepté ceux que l'héritier a consommés
de bonne foi.

§ III. — ACTION HYPOTHÉCAIRE.

Cette action porte sur les biens de la succession.

C'est une innovation de Justinien ; dans l'ancien
droit, elle n'existait pas au profit du légataire. La pensée de Justinien a été de donner plus de force aux dernières volontés du défunt et d'assurer davantage leur
exécution. Il faut dire qu'avant lui les légataires avaient
le droit de demander la séparation de patrimoines et de
venir ainsi, avant les créanciers personnels de l'héritier,
sur les biens de la succession.

Une question d'une grande importance, qui nous
reste à discuter, est celle de savoir si le principe de
l'indivisibilité de l'hypothèque souffre exception quand
il s'agit de l'hypothèque du légataire. Nous n'hésitons
pas à dire que la constitution de Justinien porte atteinte
à ce principe de l'indivisibilité. Pour soutenir le contraire, M. Demangeat [1] admet une distinction. Prenons
le même exemple que lui. Titius a deux héritiers pour
parts égales : il a légué 20,000 sesterces à Sempronius.
Sa fortune se compose du fonds A et du fonds B, qui

1. T. 1, p. 729 et suiv.

4

ont la même valeur. Par l'action personnelle, Sempronius peut demander 10,000 sesterces à Primus; par
conséquent, ces 10,000 sesterces dus par Primus sont
garantis hypothécairement par tout ce que le défunt lui
a transmis, c'est-à-dire une moitié indivise dans le
fonds A et une moitié indivise dans le fonds B. Ces
deux moitiés sont affectées à l'obligation de Primus. Si
le légataire invoque son hypothèque vis-à-vis de Primus, elle ne pourra jamais lui faire obtenir plus de
10,000 sesterces. L'obligation hypothécaire correspond
à l'obligation personnelle. Jusque-là le principe de
l'indivisiblté est respecté.

Mais si la succession est partagée, la difficulté sera
plus sérieuse. Suivant les principes du droit romain,
dit M. Demangeat, il y aura dans le partage un échange
opéré entre les cohéritiers. Primus abandonne sa moitié
indivise dans le fonds B moyennant quoi Secundus lui
donne sa moitié indivise dans le fonds A. Primus détient
alors deux moitiés indivises, l'une affectée hypothécairement au payement des 10,000 sesterces dus personnellement par lui, l'autre au payement des 10,000 sesterces
dus personnellement par Secundus. Le légataire pourra
donc lui demander hypothécairement 20,000 sesterces,
et il est inexact de dire que le légataire ne pourrait
demander à chaque héritier par l'action hypothécaire
plus qu'il ne pourrait demander par l'action personnelle. Cette proposition est vraie avant le partage, elle
ne l'est plus ensuite. Voilà, dit M. Demangeat, où mè-
nent forcément les principes de l'hypothèque.

Oui, assurément, nous sommes à cet égard complétement de son avis; si l'hypothèque doit conserver ici

son indivisibilité, on est conduit forcément à cette solution. Mais n'y a-t-il pas exception à ce principe ?
Est-il bien vrai de dire que malgré la règle posée
par Justinien l'action hypothécaire dépassera si souvent l'action personnelle ? Nous ne le croyons pas. Il faut
remarquer tout d'abord combien est formelle la constitution de Justinien[1] : « *In omnibus autem hujusmodi casi-
bus in tantum et hypothecaria unumquemque conveniri volu-
mus, in quantum personalis actio adversus eum competit* ».
En faut-il donc davantage pour établir une exception
à un principe?

Dans l'exemple que nous avons pris, cette exception
devra recevoir son application surtout après le partage.
Car si nous considérons le moment où les cohéritiers sont
dans l'indivision, c'est plutôt en vertu des principes
du droit que d'après la constitution de Justinien que
l'action hypothécaire est renfermée dans les limites
de l'action personnelle.

Au moment de la mort du testateur, l'obligation de
payer le legs naît multiple, double, se divise entre
Primus et Secundus. Primus n'a jamais dû que 10,000
sesterces, Secundus autant. Le légataire a donc acquis
deux créances de 10,000 sesterces chacune ; il serait
inexact de dire que c'est la même créance qui s'est
divisée. Le légataire a acquis en même temps deux
hypothèques, chacune garantissant une créance. Il est
bien évident, une fois ces principes rappelés, qu'il ne
pouvait pas demander à chaque héritier plus de 10,000

1. C. 1, *Comm. de leg.*

sesterces. Ce n'est pas la constitution de Justinien qui
le dit, ce sont les règles du droit.

Mais supposons que l'indivision ait cessé ; le partage
est fait. En vertu des principes du partage et de l'indivisibilité de l'hypothèque, chaque héritier, nous l'avons
vu, pourrait être poursuivi pour 20,000 sesterces, pour
le legs en entier. C'est alors qu'il faut appliquer la
constitution de Justinien qui veut que l'hypothèque soit
divisible.

Si les choses s'étaient passées comme dit M. Demangeat, il est bien évident que cette constitution aurait
été lettre morte. Il serait toujours arrivé que le légataire qui ne pouvait demander que 10,000 sesterces à
Primus quand il était encore dans l'indivision aurait
attendu à ce que le partage fût fait pour lui demander
20,000 sesterces. Que devient alors la règle posée par
Justinien ?

Il est facile de voir quelle pensée l'a inspirée. Confon-
dant tous les legs de l'ancien droit, il vise à en assurer
l'exécution.

A côté de l'action personnelle qui se divise de plein
droit entre les héritiers il donne au légataire l'action hypothécaire, mais il l'a restreinte pour tous les cas dans les
mêmes limites que l'action personnelle. La constitution
est formelle à cet égard ; et quelle que soit l'autorité de
M. Demangeat, nous y voyons une exception au principe de l'indivisibilité de l'hypothèque.

DROIT FRANÇAIS.

DROIT FRANÇAIS.

DES LEGS PARTICULIERS.

Sous le Code Napoléon, toute disposition testamentaire, quels que soient ses termes, reçoit la dénomination de *legs*. Il n'en était point ainsi dans notre ancien
droit; la France, partagée entre les deux pays de droit
écrit et de droit coutumier, était en même temps divisée
en matière de dispositions testamentaires par deux
systèmes de législation entièrement opposés. *Solus Deus
heredem facere potest*, disait le droit coutumier qui ne
reconnaissait à la volonté de l'homme que le pouvoir
de créer des légataires obligés de demander la délivrance aux héritiers du sang, représentant seuls la
personne du défunt. Les pays de droit écrit suivaient
au contraire les traditions romaines ; le testament faisait les héritiers, et leur institution était même une
condition essentielle de sa validité.

Aujourd'hui le Code a passé le niveau sur toutes ces
divisions et ces contrariétés de systèmes. La règle est
une : le testament ne fera jamais que des légataires.

Le Code divise en trois catégories les dispositions
testamentaires :

Le legs universel : lorsque le « testateur donne à une
« ou plusieurs personnes l'universalité des biens qu'il
« laissera à son décès » (art. 1003).

Le legs à titre universel : quand « le testateur lègue
« une quote-part des biens dont la loi lui permet de
« disposer, telle qu'une moitié, un tiers ou tous ses
« immeubles ou tout son mobilier ou une quote-part
« fixe de tous ses immeubles ou de tout son mobilier »
(art. 1010).

Le legs particulier auquel nous avons consacré cette
thèse. La loi n'en donne pas une définition spéciale.
Pothier [1] disait avec une grande simplicité : On appelle
legs particulier le legs de quelque chose particulière.
Le Code toutefois définit cette disposition d'une manière négative. Il ajoute à la fin de l'art. 1010, après
avoir dit quels sont les legs universels et les legs à titre
universel : « Tout autre legs ne forme qu'une disposition à titre particulier ».

Somme toute, les termes de la loi sont aussi précis
qu'on peut le désirer : aussi sommes-nous étonnés de
voir surgir des controverses dans la doctrine et la jurisprudence lorsqu'il s'agit d'attribuer à certaines dispositions testamentaires leur nature légale.

Tout le monde est bien d'accord pour regarder comme
legs particulier celui que le testateur aurait fait de tous
ses bois, de tous ses biens de campagne ou de tous
ses biens de ville. « Les biens de ville ou les biens de
campagne sont une espèce de choses plutôt qu'une
espèce de biens, dit Pothier [1]. La division des biens
est en biens *meubles* ou biens *immeubles*, en *acquêts* et
propres d'une telle ligne ; mais on n'a jamais divisé les

---

1. *De Donat. testam.* Chap. II, sect. I, § 2.
2. *Idem.*

biens en biens de ville ou de campagne .» Depuis le
Code Napoléon le meilleur motif de la solution que
nous indiquons est celui-ci : Le legs dont il s'agit ne
rentre ni dans les termes de l'art. 1003, ni dans les
termes de l'art. 1010; par conséquent il est à titre particulier.

Une fois ce principe bien compris, il nous est permis
de dire que nous pouvons marcher sûrement. La première difficulté qui se présente est relative au legs de
l'usufruit de tous les biens du testateur ou d'une quote-
part de ses biens seulement. Suivant la Cour de cassation cette disposition est à titre universel ; nous combattons cette doctrine.

Tout d'abord n'est-elle pas dans la plus complète
opposition avec le texte de la loi ? La disposition dont
il s'agit n'est pas comprise dans les termes de l'article 1003, on le reconnaît généralement; elle n'est pas
prévue davantage par l'art. 1010 à moins de soutenir
que cet article est démonstratif et non limitatif. Les
caractères du legs à titre universel lui échappent donc
complétement.

Un argument tiré des art. 610 et 612 a séduit les partisans du système opposé. Faisons remarquer tout
d'abord qu'il ne faut pas attacher une grande importance aux termes de l'art. 610 qui, de l'aveu même de
nos adversaires, commet une erreur. Il parle, il est vrai,
du légataire à titre universel de l'usufruit, mais il parle
aussi du légataire universel de l'usufruit ; cet article est
donc inexact, on le reconnaît, car le legs d'usufruit ne
peut jamais être un legs universel. Expliquons maintenant la pensée du législateur. Il avait à prévoir le cas

où le legs d'usufruit porte soit sur l'universalité des
biens, soit sur une quote-part ; cherchant l'expression
la plus propre à le caractériser, il s'est servi des mêmes
termes que pour le legs de la propriété. En est-il moins vrai
que cette disposition soit réellement à titre particulier ?

Suivant les partisans du système contraire, la preuve
que le legs est à titre universel se trouve dans l'obligation imposée au légataire par l'art. 612, de contribuer au payement des dettes. La force de cet argument n'est qu'apparente. Nous pouvons faire une réponse bien simple : la preuve que le legs est à titre
particulier, c'est que le légataire n'est pas tenu personnellement des dettes de la succession. Il est bien vrai
qu'il les supporte dans une certaine proportion, — c'est
l'équité qui le veut, — mais son obligation n'existe que
vis-à-vis du nu-propriétaire, et les créanciers héréditaires n'ont aucune action directe qu'ils puissent
exercer contre lui. Il est un legs dans lequel la même
distinction se présente : c'est le legs d'une succession
échue au testateur. Il est bien à titre particulier ; le légataire n'est pas tenu personnellement des dettes, et pourtant il est dans l'obligation, vis-à-vis de l'héritier, d'acquitter les dettes de la succession léguée. Pourquoi
n'en serait-il pas ainsi en ce qui concerne le legs de
l'usufruit ? Cette obligation de contribuer aux dettes
imposée au légataire de l'usufruit ne peut donc pas
suffire pour le faire regarder comme successeur universel. Peu importe qu'il soit obligé ou non à l'égard
du nu-propriétaire, s'il n'est pas tenu personnellement
vis-à-vis des créanciers héréditaires, c'est bien un légataire particulier.

« Observez encore, dit Pothier [1], que, pour qu'un legs soit universel, il faut qu'il soit fait *per modum universalitis.* » Le caractère du legs est donc indépendant de l'importance plus ou moins grande de son objet ; il faut considérer avant tout la disposition elle-même.

Il peut se faire que le legs particulier absorbe la totalité du patrimoine du testateur. Je n'ai pour toute fortune qu'une maison. Si je lègue l'universalité de mes biens, c'est une disposition universelle, *per modum universalitatis.* Si je lègue ma maison, c'est une disposition à titre particulier, *tanquam rei singularis*, et pourtant dans l'un et l'autre cas l'émolument des légataires sera le même.

1. *Loc. supra cit.*

CHAPITRE PREMIER.

EFFETS DES LEGS PARTICULIERS.

—

§ 1er.—DU DROIT DES LÉGATAIRES.

Le testament est fait. Les dispositions du Code ont été observées et c'est valablement aux yeux de la loi que le testateur a fait connaître quelles sont ses dernières volontés. Primus est inscrit pour un legs particulier. Quel est dès aujourd'hui son droit? Peut-il invoquer ce testament? En est-il plus riche? Non. Le testateur vit encore ; ses intentions peuvent changer et le sort de cette libéralité est soumis à tous les caprices et à toutes les variations de son esprit. Primus n'a encore aucun droit ; ses héritiers ne trouveraient à ce moment aucun droit dans ses biens. Mais un jour viendra où une transformation complète sera accomplie : cette chose léguée qui n'avait été pour Primus jusqu'à présent qu'une *res aliena* deviendra la sienne. Propriétaire aux yeux de la loi, il pourra désormais la revendiquer. Le droit est né ; il est acquis ; il est transmissible aux héritiers. Les Romains disaient : *dies cedit.*

S'il s'agit d'un legs pur et simple, c'est à la mort du testateur, dit l'art. 1014, qu'il faut placer la naissance du droit dans la personne du légataire. Telle était aussi, nous l'avons vu, la théorie du droit romain. Les lois *Julia* et *Papia Poppœa* reculèrent, il est vrai, le *dies cedit* jusqu'à l'ouverture du testament, mais Justinien, en les abrogeant, fit revivre le droit ancien. En droit romain, toutefois, après le *dies cedit*, le droit est bien transmissible aux héritiers du légataire, mais il est encore éventuel. Un événement postérieur doit le consolider, c'est l'adition d'hérédité. Si l'héritier décède avant ce jour, ou s'il répudie, en un mot, si le testament s'écroule, les legs ne subsistent plus.

Aujourd'hui, sous le Code, il n'en est plus ainsi. Le sort du legs n'est plus subordonné à l'acceptation de celui que le défunt a choisi pour le continuateur de sa personne. Le légataire universel peut renoncer, les legs particuliers n'en subsistent pas moins comme autant de libéralités ayant une existence spéciale et indépendante de cette disposition principale, nommée à Rome *caput atque fundamentum totius testamenti*.

En ce qui concerne le legs à terme ou sous condition, la théorie est la même qu'en droit romain. Les articles 1040 et 1041 disposent ainsi : « Toute disposition testamentaire faite sous une condition dépendante d'un événement incertain, et telle que, dans l'intention du testateur, cette disposition ne doit être exécutée qu'autant que l'événement arrivera ou n'arrivera pas, sera caduque, si l'héritier institué ou le légataire décède avant l'accomplissement de la condition ».

« La condition qui dans l'intention du testateur ne fait que suspendre l'exécution de la disposition, n'empêchera pas l'héritier institué ou le légataire d'avoir un droit acquis et transmissible à ses héritiers. »

La différence est donc grande entre la condition qui retarde la naissance du droit et le terme qui n'en retarde que l'exigibilité. Cette théorie était aussi empruntée au droit romain par nos anciens jurisconsultes. Pothier [1] l'a reproduite, mais suivant lui, il importe beaucoup de distinguer entre le terme certain et déterminé : par exemple je charge mon héritier de donner à un tel la somme de tant..... six mois après mon décès, et le terme qui est « un temps incertain, car il équipolle à une condition et rend le legs conditionnel » ; par exemple, « si le testateur avait légué une certaine somme à un jeune homme lors de sa majorité, « ou lorsqu'il sera marié ou devenu magistrat », suivant Paul dont Pothier adopte complétement l'opinion.

Les art. 1040 et 1041 renvoient sur tous ces points à l'appréciation de « l'intention » du testateur. C'est donc à la sagesse des tribunaux que cette tâche est remise ; ils auront à assigner aux modalités des dispositions leur véritable caractère et il faut avouer que cette mission ne sera pas toujours exempte de difficultés.

Des principes que nous venons d'étudier découle cette conséquence : le légataire, dès le jour du décès du testateur, peut aliéner à titre gratuit ou à titre onéreux les biens qui lui sont légués purement et simplement. Mais il lui est interdit de se mettre en possession de ces biens; il n'a pas droit non plus aux fruits ou intérêts de la chose ; la loi soumet chez lui ces avantages à l'obligation de demander la délivrance.

1. Chap. v, sect. ii, § 1.

§ II. — Obligation de demander la délivrance.

Un corps certain a été légué purement et simplement : la propriété passe directement au légataire par le seul fait et à l'instant de la mort du testateur. Mais il n'en est pas de même de la possession. Ici il faut le fait de l'héritier. Les principes du droit ancien le voulaient ainsi. « Jusqu'à cette tradition, dit Pothier [1], l'héritier est le juste possesseur des choses léguées comme de toutes les autres de la succession. » Cette juste possession ne pouvait cesser que par la délivrance de la part de l'héritier : ainsi le voulait la maxime : *le mort saisit le vif*. Telle était la force de cette saisine légale qu'elle ne pouvait même pas céder devant la volonté du testateur, c'est en vain qu'il eût ordonné par son testament que les légataires seraient saisis de plein droit des choses léguées et qu'ils pourraient d'eux-mêmes s'en mettre en possession.

Cette obligation imposée au légataire de demander la délivrance est passée de notre ancien droit dans le Code. Le législateur ne pouvait s'empêcher de reconnaître les avantages sérieux de cette règle. La violence et les voies de fait sont ainsi prévenues et l'héritier à qui le légataire s'adresse peut ainsi, avant toute exécution, s'assurer de la validité de son titre.

Si la chose léguée est restée entre les mains du testateur, aucun doute n'est possible ; dans tous les cas, le légataire doit en demander la délivrance. Mais si au

1. Chap. v, sect. ii, § 2.

jour de l'ouverture du legs elle est en la possession du légataire, peut-il se soustraire à cette obligation ? Nous ne le croyons pas. Le texte de la loi, si formel pour poser le principe, parle-t-il donc de quelque exception ? Pothier semble bien adopter l'affirmative, mais en étudiant le passage, on peut douter qu'il ait soutenu cette opinion. Dans cette hypothèse, « le légataire, dit-il, peut retenir la chose ; ce serait un circuit inutile qu'il la rendît à l'héritier pour que l'héritier la lui délivrât ». Ne peut-on pas s'exprimer ainsi même en exigeant la demande en délivrance ? A la vérité, le légataire n'apportera pas la chose à l'héritier pour la lui reprendre, mais il n'en devra pas moins demander la délivrance. Il fera ainsi courir son droit aux fruits : il avertira de plus l'héritier, qui sera mis en mesure de contrôler la validité du legs. Où est notre contradiction avec Pothier ? Nous disons comme lui : Le légataire « peut retenir la chose ». Ainsi voilà un légataire qui est fermier du fonds qui lui est légué, et qui le détient en cette qualité. Si l'héritier vient lui réclamer le prix du fermage et la restitution de la chose, il pourra, par voie d'exception, lui en demander la délivrance. Il aura donc retenu le fonds légué ; il sera ainsi dispensé pour l'avenir de payer le prix du louage.

L'argument principal des adversaires de ce système s'appuie sur les termes de l'art. 1014, qui impose au légataire l'obligation de la délivrance pour se « mettre en possession ». Eh bien ! dit-on, il a déjà cette possession. Nous ne le croyons pas, car il importe de distinguer ici, comme le faisait autrefois Ricard, entre la possession de fait et la possession de droit. Celle-ci

manque complétement au légataire, et ce n'est pas par
sa seule volonté qu'il va changer le caractère de sa
possession [1].

Mais voici un héritier du *de cujus* qui est légataire par
préciput. S'il renonce à la succession, il n'y a pas de
difficulté, il est soumis à l'obligation de demander la
délivrance. Il en est de même si, étant un collatéral, il
est en concours avec un légataire universel; ce dernier
a la saisine. Mais si nous ne nous trouvons ni dans l'une ni
dans l'autre de ces deux hypothèses, la difficulté devient
très-sérieuse. Nous n'en pensons pas moins que ce
légataire doit demander la délivrance et qu'il ne fera
les fruits siens qu'à dater de ce jour. Il est saisi, il est
vrai, des biens de la succession, mais comme héritier
et jusqu'à concurrence de sa part et portion. S'il a droit
à d'autres biens, ce n'est plus comme héritier, c'est
comme légataire, et ce serait méconnaître les dispositions si formelles de l'art. 1014 § 2 que de le soustraire
à leur application. Ricard soutenait cette opinion dans
notre ancienne jurisprudence.

Il faut toutefois admettre une exception au principe
de notre loi. Dans le legs de libération, le légataire est
dispensé de la demande en délivrance pour faire les
fruits siens. Cette disposition a pour effet d'éteindre le
droit de créance ; le capital n'étant plus dû, il est impossible que les intérêts puissent courir encore. Du
reste, l'intention du défunt était bien évidemment de
libérer le légataire dès le jour du décès, et non de lui

1. En ce sens Toulouse, 29 juillet 1829, et Poitiers, 27 juillet 1824.

faire payer les intérêts jusqu'à sa demande en délivrance.

Hors cette exception, le principe général reprend son empire, et remarquons bien que le testateur lui-même ne pourrait pas dispenser le légataire de demander la délivrance. Les anciens jurisconsultes avaient adopté pour la plupart cette opinion. Elle est suivie aujourd'hui presque unanimement par la doctrine lorsque le légataire est en présence d'un héritier à réserve. Mais si le défunt ne laisse pour continuer sa personne qu'un collatéral ou un légataire universel, des controverses naissent parmi les auteurs. Quand il n'y a que des collatéraux, dit M. Toullier, le testateur peut parfaitement dispenser le légataire de l'obligation de demander la délivrance. Il pouvait bien instituer un héritier testamentaire ayant de plein droit la saisine ! C'est vrai, mais cette doctrine n'en doit pas moins être condamnée. C'est la loi qui donne ou qui refuse la saisine, ce n'est pas le testateur. Elle l'aurait accordée au légataire universel institué par le testateur ; elle la refuse aux légataires particuliers et la laisse aux héritiers. La volonté du *de cujus* ne peut rien changer à ces principes.

Nous ferons la même réponse à M. Grenier qui pense que le légataire particulier peut être dispensé de la délivrance quand au lieu d'héritiers légitimes il y a un légataire universel. C'est le testament, dit-on, qui donne la saisine au légataire universel ; le testateur peut donc ne la lui donner qu'à la condition que le légataire particulier se mettra de suite en possession, sans demander la délivrance. Nous combattons ce raisonnement par les mêmes raisons : ce n'est pas le testament qui donne la saisine, c'est la loi. Le *de cujus* est libre d'instituer ou non un légataire universel qui tiendra la saisine de la loi, mais il n'est pas libre en l'instituant de restreindre à son gré cette possession légal qui est d'ordre public.

En aucun cas la volonté du défunt ne peut donc autoriser à déroger au principe de l'art. 1014 2°.

La demande en délivrance peut être volontaire ou judiciaire. Volontairement consentie par le débiteur du legs, elle n'est soumise à aucune forme déterminée ; la preuve en peut être fournie par tous les moyens, par exemple à l'aide de lettres ou de présomptions résultant de la jouissance paisible du légataire sous les yeux de l'héritier. Si la délivrance ne peut être volontairement consentie, elle doit être demandée à la justice ; le tribunal compétent est celui du lieu où la succession s'est ouverte.

La délivrance doit être demandée à ceux qui ont la saisine. Si l'objet légué est compris parmi certaines choses léguées à une autre personne, par exemple, un livre de la bibliothèque léguée à Paul, il faut distinguer si Paul a lui-même demandé déjà la délivrance de son legs. Dans le cas de l'affirmative, c'est à lui que le légataire doit s'adresser, sinon c'est à celui qui a la saisine.

Aux termes de l'art. 1016, les frais de la délivrance seront à la charge de la succession, sans que néanmoins il puisse en résulter de réduction en réserve légale. Quant aux frais d'enregistrement du legs, ils sont mis à la charge du légataire, « le tout s'il n'en a été autrement ordonné par le testateur ».

Le Code ajoute : « Chaque legs pourra être enregistré séparément sans que cet enregistrement puisse profiter à aucun autre qu'au légataire ou à ses ayant-cause ». Cette innovation du Code est faite dans l'intérêt des légataires particuliers et n'est applicable qu'à eux. Lorsque le légataire devait faire enregistrer le testament entier, il arrivait souvent que les frais dépassaient la valeur du legs, et s'il était peu disposé à en faire l'avance, il lui fallait attendre qu'un autre légataire vînt faire cet enregistrement. Ces inconvénients n'existent plus.

§ III. — A DATER DE QUEL MOMENT LE LÉGATAIRE PARTICULIER A DROIT AUX FRUITS.

L'art. 1014 n'attribue les fruits et les intérêts au légataire particulier qu'à compter du jour de la délivrance. Cette règle était admise dans notre ancienne jurisprudence et comme aujourd'hui elle reposait sur ce principe : l'héritier ignore si le légataire acceptera, il est possesseur de bonne foi, il fait les fruits siens.

Pour que l'art. 1014 soit applicable, il n'est pas nécessaire que le légataire ait connu le testament; peu importe, il n'aura jamais droit aux fruits qu'à partir de la demande. Il en serait autrement toutefois, si l'héritier avait employé quelque manœuvre pour lui cacher le testament. Que deviendrait alors cette possession de bonne foi de l'héritier, sur laquelle la loi se base pour lui faire acquérir les fruits jusqu'à la demande ?

— 73 —

La répartition des fruits civils qui s'acquièrent jour par jour aux termes de l'art. 586 sera toujours facile à effectuer. Mais il n'en est pas de même pour les fruits naturels ou industriels. Lorsque la demande a lieu avant la récolte, les anciens auteurs étaient d'accord pour attribuer les fruits au légataire. Mais si la récolte était faite avant la demande, ils étaient divisés sur la question d'attribution des fruits. Suivant Ricard, ils devaient être considérés comme accessoires de la chose léguée au moment de la mort du testateur et par conséquent attribués au légataire. Pothier combattait cette opinion ; l'héritier devait conserver les fruits ; il possédait de bonne foi, il les avait faits siens. Nous n'hésitons pas à suivre cette opinion : les fruits étaient, à la vérité, au moment du décès du testateur, accessoires de la chose ; mais en les percevant sans fraude, l'héritier leur a fait perdre ce caractère.

En recueillant les fruits, le légataire doit toutefois rembourser à l'héritier les frais de semence et de labour qui auraient été faits par lui ; mais il ne doit rien des dépenses du testateur ; elles restent à la charge de la succession ; elles étaient faites au moment de la mort du *de cujus*, et c'est dans l'état où elle se trouve à ce jour que la chose léguée doit être délivrée.

Quant aux fruits extraordinaires, tels qu'une coupe de bois, nous ne saurions les comprendre dans la même règle. Ce n'est pas, suivant nous, ce que la loi entend ici par les mots *fruits*. L'héritier, en les percevant, ne les aurait pas faits siens.

L'art. 1015 établit une double exception à la règle générale de l'art. 1014.

« Les intérêts ou fruits de la chose léguée courront au profit du légataire dès le jour du décès et sans qu'il ait formé sa demande en justice :

« 1o Lorsque le testateur aura expressément déclaré sa volonté, à cet égard, dans le testament. »

Il est nécessaire que la volonté du testateur soit déclarée d'une manière expresse. Aucuns termes sacramentels ne sont du reste exigés, et on comprend facilement que sur cette matière une théorie trop abstraite pourrait devenir dangereuse. C'est aux juges qu'il appartient de rechercher quelle a été l'intention du défunt et de dire si elle est expressément déclarée.

Lorsque le testateur a exprimé la volonté de voir les légataires saisis de leurs legs dès l'instant et par le seul fait de sa mort, il faut reconnaître qu'il a expressément manifesté son intention de leur donner droit aux fruits avant la demande en délivrance [1].

Il en est de même si le testateur a dispensé le légataire de demander la délivrance. Relativement à la saisine, cette clause est de nul effet, mais elle est bien l'expression formelle de la pensée du *de cujus*, de donner dès son décès les fruits au légataire.

La seconde exception de l'art. 1015 est celle-ci :

« 2o Lorsqu'une rente viagère ou une pension a été léguée à titre d'aliment. »

On a soutenu, pour expliquer cette disposition, une théorie que nous voulons tout d'abord combattre. Elle porte sur la nature de la rente viagère. Les arrérages de cette rente, a-t-on dit, ne sont pas des fruits que pro-

1. En ce sens C. de Bourges 3 fév. 1857.

duit la chose, car ils épuisent le droit en vertu duquel
ils sont perçus. Il n'en est pas de même de la rente
perpétuelle ; elle a bien un véritable capital ; les arrérages que l'on perçoit pendant dix , vingt ans n'en altè-
rent point la substance, elle reste toujours aussi entière.
Mais la rente viagère a-t-elle bien un véritable capital? N'est-il pas vrai de dire que chaque arrérage l'éteint
en partie, et n'est que le fragment d'un capital qui
n'existera plus quand le dernier sera perçu?

Dans ce système, les arrérages de la rente, étant des
portions du capital, sont dus au légataire dès le jour du
décès, en vertu de l'art. 1014 qui lui donne droit dès
cet instant à la chose léguée. Quant à l'art. 1015 2°, il ne
serait écrit que pour les intérêts de ces arrérages qui
sont dans ce système les fruits de la chose léguée.

Cette théorie est condamnée par la majorité des auteurs. La rente viagère est bien un véritable droit capital, complétement distinct des arrérages qu'elle produit.
Le droit s'éteindra, il est vrai, mais ce ne sont pas les
intérêts recueillis qui l'éteignent, c'est l'arrivée du
terme qui devait limiter sa durée. C'est bien là le système du Code qui permet à l'usufruitier d'une rente
viagère (art. 588) d'en percevoir les arrérages sans être
tenu plus tard à aucune restitution. Peut-on maintenant prétendre sérieusement que ce ne sont pas des
fruits?

C'est donc en vertu de l'art. 1015 2° et non en vertu
de l'art. 1014 que les produits de la rente viagère sont
dus au légataire avant toute demande en délivrance. La
loi présume qu'une telle libéralité ne devait subir aucun retard, et supposant que telle avait été l'intention

du testateur, elle a fait produire à cette volonté présumée les mêmes effets que si elle s'était manifestée dans le testament.

Aux termes de l'art. 1015 2° il ne suffit pas que le legs ait pour objet une rente viagère ou une pension : il faut encore qu'il ait été fait « à titre d'aliment ». Mais il n'est pas nécessaire que le *de cujus* se soit formellement exprimé à cet égard. C'est à l'appréciation des juges que cette question est remise. Ils pourront rechercher dans les circonstances du procès, dans la position du légataire par exemple, les éléments de leur décision.

L'art. 1015 2° ne s'applique pas au legs d'usufruit. Ce serait confondre l'usufruit avec une rente viagère que de décider autrement. Qu'on n'objecte pas l'article 604, aux termes duquel les fruits sont dus à l'usufruitier « au moment où l'usufruit est ouvert ». Ce principe est exact en ce sens que le retard de donner caution ne prive pas l'usufruitier de son droit aux fruits : c'est ce que la loi a voulu dire. Mais en posant cette règle, le législateur n'a pas renoncé au droit d'y apporter des exceptions. Nous sommes ici au titre des Donations et Testaments. Le legs d'usufruit est à titre particulier, et le Code, sans faire d'exception à son égard, ne donne les fruits aux légataires que du jour de la demande en délivrance.

§ IV. — Obligations des légataires particuliers relativement aux dettes et aux legs de la succession.

En principe, le légataire particulier « ne sera pas
tenu des dettes de la succession ». Mais il en est toutefois qui peuvent être mises à sa charge. Tout d'abord
lorsque le testateur a déclaré que telle était sa volonté.
Dans ce cas, si le légataire accepte, il s'oblige personnellement à acquitter les dettes, et cette obligation
subsisterait même si la chose léguée venait à périr
entre ses mains. Un arrêt de la Cour de cassation
de 1809 a consacré cette opinion.

Il est aussi d'autres dettes qui sont mises à la charge
du légataire par la nature même de la disposition. Je
prends pour exemple le legs d'une succession échue
au testateur. Il est évident que le légataire devra payer
les dettes de la succession. Elle est l'ensemble des
droits actifs et passifs; le légataire a les biens, il supportera les dettes.

Si le legs a pour objet l'usufruit de la totalité ou
d'une quote-part des biens du défunt, le légataire doit
contribuer aux dettes dans une certaine proportion ;
l'art. 612 fixe les règles à suivre à cet égard, mais
hâtons-nous d'ajouter que le légataire n'est pas tenu
personnellement ; c'est seulement vis-à-vis du nu-propriétaire, et non des créanciers, que son obligation
existe ; nous avons invoqué cette considération en sou-
tenant que ce legs d'usufruit est à titre particulier.

Aux termes de l'art. 1024, le légataire particulier est

soumis à l'action hypothécaire, mais seulement comme détenteur d'un immeuble grevé d'hypothèques ; s'il paie, il a son recours, soit contre le débiteur principal, obligé personnellement, soit contre ses héritiers ou successeurs universels. Nous n'avons jamais compris que l'on ait combattu ces principes avec les dispositions de l'art. 1020, qui dit que la chose léguée est grevée d'hypothèques, « celui qui doit acquitter le legs n'est pas tenu de la dégager ». On a voulu faire dire à cet article que l'héritier du testateur ne serait pas tenu, quand elle devra être acquittée, de payer la dette de son auteur, garantie par une hypothèque. Ce serait donc le légataire particulier qui en deviendrait débiteur personnel ? Un arrêt de la Cour de Bordeaux de 1850 [1] a fait bonne justice de cette doctrine, qui violait les principes les plus élémentaires du droit.

Si l'immeuble légué est hypothéqué, non pour une dette de la succession, mais pour celle d'un tiers, le légataire n'a de recours que contre celui-ci ; il n'en a pas contre les héritiers. Ces principes ont été reconnus par l'arrêt dont nous venons de parler. La simple dation d'une hypothèque pour garantir la dette d'un tiers ne crée pas une obligation personnelle.

Disons qu'aux termes de l'art. 874, « le légataire particulier qui a acquitté la dette dont l'immeuble légué était grevé demeure subrogé aux droits du créancier contre les héritiers et successeurs à titre universel », ou, dans certains cas, faut-il ajouter contre le débiteur principal.

1. 31 janv. — D. P. 1851. 2, 131.

Dans l'ancien droit le légataire d'un immeuble était chargé des rentes foncières établies sur cet immeuble. Aujourd'hui, il n'en est plus ainsi ; toute rente est meuble de sa nature, et elle ne peut affecter un héritage qu'au moyen d'une hypothèque.

Bien qu'en principe le légataire particulier reste étranger aux dettes de la succession, il peut se faire qu'il soit quelquefois atteint par elles indirectement. Lorsque ces biens *deducto œre alieno* sont insuffisants pour payer les legs, il faut bien les réduire. Nous supposons, bien entendu, que les créanciers ont demandé la séparation de patrimoines ou que la succession n'a été acceptée par l'héritier que sous bénéfice d'inventaire. Disons qu'aux termes de l'article 926, la réduction se fera au marc le franc, sans aucune distinction entre les legs universels et les legs particuliers.

Le légataire particulier n'est pas tenu, en principe, du payement des autres legs. Mais cette règle doit fléchir devant la manifestation de la pensée du testateur. Dans ce cas, le créancier de la libéralité mise à la charge du légataire n'a plus d'action hypothécaire contre les héritiers ou autres détenteurs des immeubles de la succession. Le légataire grevé est seul débiteur [1].

Du reste, l'intention du testateur, de mettre certaines libéralités à la charge du légataire, peut quelquefois résulter de la nature même de la disposition. Après avoir légué sa bibliothèque à Primus, le *de cujus* a légué à Secundus certains livres déterminés ; la libéralité est mise à la charge de Primus.

1. En ce sens C. de Cass. Req. 24 juin 1828.

Nous venons de considérer le légataire comme débiteur ; il faut maintenant le considérer comme créancier. Après avoir parlé des obligations qui lui sont imposées, il reste à étudier les actions que lui donne la loi. C'est toujours un effet des legs particuliers dont l'étude aurait pu prendre place dans notre chapitre premier ; mais son importance et sa longueur nous ont déterminé à lui consacrer un chapitre spécial.

CHAPITRE II.

ACTIONS DES LÉGATAIRES.

Justinien, nous l'avons vu [1], portant le dernier coup
à l'édifice du système formulaire déjà ébranlé, avait
confondu tous les legs pour leur donner la même nature. *Una sit natura!* Il faut dire combien a été grande,
sur cette partie du droit français, l'influence de sa
législation. C'est à lui que revient l'honneur d'avoir
posé les principes qui lui ont été empruntés par notre
ancienne jurisprudence et par nos lois actuelles.

Justinien avait réuni entre les mains du légataire une
triple action : réelle, personnelle et hypothécaire. Il en
est de même aujourd'hui dans le Code Napoléon. L'article 1017 accorde au légataire l'action personnelle et
hypothécaire. Quant à la revendication, l'art. 1014 la
lui donne.

§ Ier. — ACTION PERSONNELLE *ex testamento.*

L'héritier est tenu de l'action personnelle. Son obligation dérive d'un quasi-contrat ; en acceptant la succession, il devient débiteur à l'égard du légataire. C'est
avec l'action personnelle et en l'exerçant que celui-ci
demande la délivrance de la chose ; c'est avec elle encore qu'il pourra exiger des indemnités de l'héritier
qui par sa faute aurait dégradé ou laissé périr la chose
léguée.

1. V. Thèse de droit romain.

Aux termes de l'art. 1017 les héritiers ou autres débiteurs d'un legs seront personnellement tenus de l'acquitter chacun au prorata de la part et portion dont ils profiteront dans la succession. Marcadé veut corriger cette règle. Si parmi les débiteurs des legs se trouve un héritier réservataire, l'action personnelle, suivant lui, se divise en proportion de ce que chacun d'eux prend, non pas dans la succession, comme le dit l'art. 1017, mais bien dans la quotité disponible, « puisque c'est sur le disponible seulement et non sur l'ensemble de la succession que les legs à la différence des dettes doivent se payer ». Nous n'acceptons pas cette opinion qui fait trop bon marché des termes de la loi. Nous espérons démontrer que le législateur ne s'est pas trompé ; qu'il a bien voulu dire *succession* et non *quotité disponible* ; il faut bien rendre cette justice à notre système qu'il a pour lui les dispositions de la loi.

C'est sur la quotité disponible, dit-on, que doivent être pris les legs ; par conséquent, il faut laisser de côté la réserve qui ne peut jamais être entamée et c'est seulement en proportion de ce que l'héritier prendra dans le disponible qu'il contribuera au payement des legs particuliers. Sans parler de notre ancien droit qui était aussi divisé par cette controverse[1], disons tout d'abord qu'il est un point sur lequel le doute ne peut pas exister : c'est que jamais la réserve ne doit être entamée, car si les legs dépassent la quotité disponible, l'héritier réservataire n'est pas tenu d'y contribuer.

1. Toutefois Pothier n'avait pas adopté le système que nous soutenons. V. chap. v, sect. iii, art. i, § 2.

Prenons un exemple : le *de cujus* a pour héritier son fils Primus dont la réserve dans la succession, que nous supposons être de 20, est de la moitié 10. Le *de cujus* a légué à titre universel 5 à Secundus, puis il a fait un legs particulier d'une valeur d'un vingtième environ de la succession. Évidemment, quoi qu'il arrive, la réserve de Primus ne sera jamais entamée, car il recueillera 15 dans la succession et sa réserve ne représente que 10. Dans quelle proportion Primus sera-t-il tenu de l'action personnelle? Dans la proportion des trois quarts si on calcule d'après la succession entière : c'est ce que dit l'art. 1017. Mais non, dit Marcadé, la loi s'est trompée, il faut calculer d'après la quotité disponible et par conséquent mettre le payement du legs pour moitié à la charge de Primus, pour moitié à la charge de Secundus.

Nous ne comprenons pas, dans notre hypothèse, comment il pourrait être permis à Primus d'invoquer sa réserve. Est-il donc menacé de s'en voir ravir une partie? Il est héritier réservataire, dit-on; oui, évidemment, si le défunt avait légué toute sa succession à un étranger, il pourrait venir, comme réservataire, en réclamer la moitié. Mais dans notre espèce est-il bien encore véritablement réservataire? Nous ne le croyons pas; et la preuve c'est qu'il recueille les trois quarts sans avoir besoin d'invoquer son droit à la réserve. Est-ce donc en vertu de deux droits différents qu'il prend ces trois quarts dans la succession? Un droit pour recueillir la moitié, sa réserve; un autre droit spécial pour recueillir une portion de la quotité disponible. Nous n'acceptons pas ce raisonnement; la suc-

cession est une ; Primus vient comme héritier de 15 ;
Secundus, successeur universel, prend 5 ; c'est dans
la proportion de leurs parts qu'ils contribueront au
payement de la libéralité. L'art. 1017 est formel à cet
égard et il n'est pas permis d'en changer les dispositions.

Ici se présente une question bien grave qui a profondément divisé la doctrine. L'héritier est soumis à l'action personnelle, mais par l'effet de cette obligation
est-il tenu *ultra vires* ? Pour soutenir la négative nous
pouvons-nous appuyer tout d'abord sur notre ancienne
jurisprudence ; l'héritier n'y était tenu des legs qu'*intra
vires successionis*. Pothier [1] ne se contentait pas de formuler cette règle, il en expliquait la raison. En même
temps qu'il succède à tous les droits actifs du défunt,
l'héritier succède à toutes ses obligations. Il est tenu
sans limites de toutes ses dettes parce que le *de cujus*
en était tenu lui-même. Mais en est-il de même pour
les legs ? Non assurément. En disposant de ses biens
par testament, le *de cujus* ne s'est pas obligé ; il est mort
aussi libre vis-à-vis du légataire que s'il n'avait pas
testé. Au moment de sa mort, il est vrai, un droit naît
pour le légataire, mais il prend naissance dans la personne de l'héritier, et si celui-ci est tenu désormais, il
est impossible de prétendre que ce soit comme continuateur de la personne du défunt.

Si l'héritier avait accepté sous bénéfice d'inventaire,
il est de toute évidence qu'il ne serait pas tenu des legs
ultra vires. Or le bénéfice d'inventaire, aux termes de

1. *Traité des successions*, chap. v, art. III, § 1.

la loi, ne change pas sa position relativement aux legs.
L'art. 802 dit : « L'effet du bénéfice d'inventaire est de
donner à l'héritier l'avantage de n'être tenu du payement *des dettes de la succession* que jusqu'à concurrence
de la valeur des biens qu'il a recueillis. » Il faut donc
croire que, même héritier pur et simple, il n'était pas
tenu *ultra vires* du payement des legs, puisque la loi ne
dit pas que le bénéfice d'inventaire lui donnerait cet
avantage.

Sans s'arrêter sur l'équité et sur la justice qui parlent
bien haut en faveur de ce système, nous devons combattre l'argumentation de ses adversaires. L'art. 873,
disent-ils, portent que les héritiers sont tenus des *dettes
et charges* de la succession.. Que veut dire le mot *charges*,
s'il ne signifie pas les libéralités? Il y a bien les frais funé-
raires qui ne sont pas réellement des dettes de la succession, mais le législateur n'a pas dû consacrer une
expression spéciale à ces dépenses de peu d'importance.

Si les adversaires de notre système ne veulent pas
accepter cette explication, nous retournons l'argument
contre eux, et nous leur demandons à notre tour de
nous expliquer ce que veulent dire dans l'art. 1009 les
mots *dettes et charges*. Évidemment ces expressions
n'ont aucun rapport avec les legs, puisque le législateur ne s'en occupe que dans la dernière partie de
l'article. Il en est de même encore de l'art. 1012 qui
parle des *dettes et charges* et qui très-certainement ne
se rapporte pas aux libéralités du défunt, car l'article
suivant leur est spécialement consacré.

Que l'on objecte pas que l'explication de l'art. 783
ne serait possible que dans le système de nos adver-

6

saires; il peut très-bien s'expliquer, même dans notre opinion. L'obligation personnelle de l'héritier n'a donc pas pour effet de le soumettre *ultra vires* à l'acquittement du legs.

L'action personnelle est divisible ; chaque héritier ne peut être actionné que proportionnellement à sa part et portion. Mais cette action est indivisible quand le testateur a mis le legs à la charge de tel héritier.

§ II. — ACTION RÉELLE.

L'art. 711 du Code Napoléon met la donation testamentaire au nombre des manières d'acquérir la propriété. Le légataire aura donc entre ses mains la revendication. L'art. 1014 la lui donne dès le jour de la mort du testateur ; ses dispositions toutefois sont un peu larges ; le légataire, dit-il, « aura un droit à la chose léguée ». Ce droit varie en effet suivant les cas : c'est un droit de propriété, un *jus in re*, si le legs a pour objet une chose déterminée ; le légataire a alors l'action réelle ; il peut revendiquer. Il en est autrement quand le testateur a donné des quantités, une somme d'argent, etc. Ce n'est alors qu'un *jus ad rem*: le légataire n'a plus que l'action personnelle.

Il est donc certain que l'action réelle n'est offerte au légataire que si le legs est d'une chose déterminée. Dans ce cas, la saisine légale des héritiers ne leur attribue aucun droit sur la propriété des choses léguées. La propriété est passée de plein droit au légataire. Si l'héritier aliène les choses léguées, le légataire pourra exercer contre les tiers possesseurs l'action en reven—

dication. 'Pothier [1] disait toutefois que le légataire ne
pouvait revendiquer dans cette hypothèse qu'après
s'être fait « saisir de son legs par l'héritier ou autre
successeur grevé de la prestation du legs ». Il doit en
être encore ainsi aujourd'hui : c'est l'avis de la Cour de
Cassation qui a adopté complétement l'opinion de Pothier [2].

§ III. — Action hypothécaire.

L'origine de cette action hypothécaire donnée au légataire remonte à Justinien. C'est lui, nous l'avons vu,
qui, dans le but d'assurer l'exécution des dernières
volontés du défunt, l'accorda au légataire. L'hypothèque
frappait seulement sur les biens de la succession et elle
n'était donnée contre chaque héritier que dans la
mesure de l'obligation personnelle dont il était tenu.

Cette action hypothécaire était passée du droit romain
dans notre ancienne jurisprudence, qui toutefois était
divisée sur la question de savoir si le testament olographe comme le testament reçu par un notaire donnait
cette hypothèque. Pothier est très-affirmatif sur ce
point, et il pense que dans les deux cas elle est offerte
au légataire [3]. Mais une controverse bien plus vive
parmi les jurisconsultes portait sur l'étendue de l'action hypothécaire. Devait-on dire que par cette action
chacun des héritiers pouvait être poursuivi pour le
tout, ou au contraire ne devait-il l'être que jusqu'à concurrence de la portion pour laquelle il était tenu par

1. Chap. v, sect. iii, art. ii, § 1er.
2. Req. 4 avril 1847.
3. Ch. v, art. ii, § 2.

l'action personnelle? Suivant Bacquet et Renusson, c'était la première proposition qu'il fallait admettre; l'opinion contraire ne respectait pas le principe de l'indivisibilité de l'hypothèque.

Mais Ricard et Pothier, qui prétendaient avoir pour lui « les meilleurs auteurs », combattaient très-énergiquement cette doctrine. Empruntée à la constitution de Justinien qui l'établissait de la manière la plus formelle, leur règle ne porte pas atteinte au principe de l'indivisibilité de l'hypothèque. Lorsque les biens d'un débiteur sont affectés hypothécairement au total d'une dette, chaque partie de ces biens qui passe aux héritiers ne peut cesser d'être obligée au total de la dette : voilà où conduit le principe de l'indivisibilité. Mais ici, est-ce bien ce qui a lieu? Non, assurément. La part à laquelle chaque héritier a succédé n'a jamais été hypothéquée au total de la dette. Il y a eu, dès le principe, autant d'hypothèques qu'il y a eu d'obligations personnelles; l'obligation est née multiple; chaque héritier n'a jamais dû qu'une portion de la dette, c'est-à-dire des legs, et l'hypothèque qui en garantit l'exécution n'a jamais porté, *ab initio*, que sur cette part. S'il y a trois héritiers, le légataire a eu trois créances garanties chacune par une hypothèque spéciale. Est-il donc vrai que l'on viole le principe de l'indivisibilité en disant que chaque héritier ne pourra être poursuivi hypothécairement que pour un tiers?

Cette controverse était donc vive dans notre ancien droit. Nous verrons bientôt comment elle a été tranchée par le Code.

L'art. 1017 du Code Napoléon est ainsi conçu : « Les

héritiers du testateur ou autres débiteurs d'un legs seront personnellement tenus de l'acquitter chacun au prorata de la part et portion dont ils profiteront dans la succession. »

« Ils en seront tenus hypothécairement pour le tout jusqu'à concurrence de la valeur des immeubles de la succession dont ils seront détenteurs ».

Malgré les termes si formels de la loi, nous avons à combattre tout d'abord une opinion appuyée sur l'autorité de savants professeurs [1], qui refuse au légataire toute hypothèque légale.

Leur premier argument porte sur les travaux préparatoires du Code ; la commission chargée de rédiger le projet du Code civil, après l'art. 99 qui est aujourd'hui notre art. 1017, avait proposé un autre article, l'article 100 qui était ainsi rédigé : « L'hypothèque du légataire est légale ; elle résulte de la donation valablement faite même sous signature privée, dans les formes ci-dessus indiquées. » Cet article fut supprimé par la section de législation du Conseil d'État. Par conséquent, disent MM. Aubry et Rau, en adoptant seul l'art. 99 du projet qui est aujourd'hui notre art. 1017, la section de législation a eu bien moins en vue de conférer une hypothèque au légataire que de déterminer la nature de celle qu'elle supposait devoir lui être accordée au titre des Hypothèques. Or on ne trouve à ce titre aucune disposition qui établisse au profit du légataire une hypothèque quelconque.

Cette argumentation n'a pas su convaincre la grande

1. Aubry et Rau sur Zacharie, IIe partie, § 722.

majorité des auteurs qui repoussent complétement ces idées. Nous adoptons sans hésiter leur opinion. Le législateur, dit-on, s'était réservé de parler de l'hypothèque du légataire au titre des hypothèques; c'est là une supposition de MM. Aubry et Rau, et rien ne prouve qu'elle soit parfaitement fondée. Il nous est bien permis de dire que si elle ne s'est pas réalisée, c'est que sans doute le législateur pensait avoir établi assez clairement cette hypothèque dans l'art. 1017. Ses dispositions ne sont-elles pas formelles?

Mais non, disent nos contradicteurs, les termes de l'art. 1017 ne sont pas assez explicites. Ce n'est pas parce que le Code a dit : Les héritiers seront tenus *hypothécairement pour le tout*, qu'il faut voir dans cet article l'attribution d'une hypothèque au légataire, et la preuve c'est que l'art. 873 dit aussi que les héritiers sont tenus des dettes de la succession *hypothécairement pour le tout*, et pourtant aucune hypothèque légale n'est donnée aux créanciers.

La réponse est bien facile. L'art. 873 prévoit le cas où le défunt avait accordé une hypothèque à son créancier; et alors respectant le principe de l'indivisibilité, il veut que l'héritier qui aurait recueilli une portion seulement de l'immeuble hypothéqué puisse être poursuivi pour la dette entière. Mais l'art. 1017, peut-on en donner la même explication? Est-ce qu'aucune convention a jamais pu intervenir entre le *de cujus* et le légataire? Et si ce n'est pas le défunt qui lui a donné une hypothèque, il faut bien que ce soit la loi. Nos contradicteurs sont donc réduits, ne pouvant l'expliquer, à effacer le second paragraphe de l'art. 1017. Ce n'est plus de l'interprétation.

Ajoutons pour lever tous les doutes en faveur de notre système, que cette hypothèque n'était pas une innovation du Code. Nous l'avons étudiée dans le droit romain et dans notre ancienne jurisprudence, et le législateur en la maintenant dans le Code n'a fait qu'obéir aux traditions.

Du reste, le projet de réforme hypothécaire de 1850 contenait la disposition suivante : « L'hypothèque établie par l'art. 1017 du présent Code sur les immeubles de la succession, au profit des légataires particuliers, est supprimée, sans préjudice du privilége de l'article 2111. »

L'hypothèque légale du légataire existe donc bien dans notre législation ; elle existe, que le testament soit olographe ou par acte authentique.

On peut être frappé au premier abord de voir accorder cette garantie aux légataires, tandis qu'elle est refusée aux créanciers placés pourtant dans une position préférable. Mais il faut réfléchir que les créanciers pouvaient réclamer des sûretés, exiger une hypothèque du *de cujus* au moment où il s'obligeait envers eux. Il n'en est point ainsi des légataires. Ils auraient été dépouillés de toutes sûretés vis-à-vis des héritiers ; l'exécution des dernières volontés du défunt n'aurait point été assez assurée.

En empruntant au droit de Justinien et à notre ancienne jurisprudence l'action hypothécaire, le Code en a complétement modifié l'étendue. Aujourd'hui chaque héritier est tenu pour le tout. L'action hypothécaire peut être exercée contre lui non-seulement pour la part dont il est tenu personnellement, mais encore pour la totalité du legs. M. Troplong et après lui M. Dalloz pensent que le Code Napoléon a choisi le parti le plus conforme à la nature de l'hypothèque. C'était, nous l'avons vu, l'opinion soutenue dans l'ancien droit par Bacquet et Renusson. Il faut la repousser; les principes du droit, si bien expliqués par Pothier, nous montrent que le législateur pouvait parfaitement, sans porter atteinte au principe de l'indivisibilité, restreindre l'action hypothécaire dans les mêmes limites que l'action personnelle.

L'hypothèque du légataire ne pèse que sur les biens de la succession et non sur les biens personnels de l'héritier. Il en était ainsi, suivant Pothier, dans notre ancienne jurisprudence.

Mais il faut ajouter que l'hypothèque ne porte pas sur tous les immeubles indistinctement, mais seulement sur les immeubles dévolus à ceux que le testateur a chargés de l'acquittement du legs. L'art. 1017 dit en effet : *Les héritiers ou autres débiteurs d'un legs......* jusqu'à concurrence de la valeur des immeubles de la succession *dont ils seront détenteurs.* Si le testateur a chargé un héritier ou un légataire d'acquitter un legs, les biens échus aux autres héritiers ou légataires ne sont pas grevés de l'hypothèque.

Rien n'empêche du reste que le testateur affranchisse ses héritiers de l'action hypothécaire que le Code donne aux légataires, l'ordre public n'en souffre pas. La loi veut assurer l'exécution des volontés du *de cujus*; libre à lui de repousser cette garantie. Le testateur peut aussi restreindre l'hypothèque à certains immeubles.

L'hypothèque que la loi donne au légataire n'a au-

cun effet contre les créanciers de la succession. Il faudrait oublier les principes de notre droit pour dire
que le legs doit être acquitté avant que les créanciers
de la succession soient désintéressés. *Nemo liberalis nisi
liberatus.* Mais le légataire se servira de son hypothèque
contre les créanciers personnels de l'héritier ou contre
les tiers acquéreurs qui auraient acheté de l'héritier
des immeubles de la succession.

L'hypothèque légale du légataire n'est pas dispensée
de la formalité de l'inscription ; elle n'a rang qu'à compter de l'accomplissement de cette formalité (art. 2134).

A côté de cette action donnée au légataire, se trouve
le droit de demander la séparation du patrimoine du
défunt d'avec celui de l'héritier. L'art. 878, il est vrai,
n'accordait ce droit qu'aux créanciers, mais l'art. 2111
répare cette omission et le donne au légataire. Mais ils
ne conservent « à égard des créanciers des héritiers ou
représentants du défunt, leur privilége sur les immeubles de la succession » que par l'inscription qu'ils en
font dans les six mois de l'ouverture de la succession.
Avant ce délai, dit la loi, « aucune hypothèque ne peut
être établie avec effet sur ces biens par les héritiers ou
représentants », au préjudice des légataires.

Nous ne pouvons, en restant dans les limites de notre
sujet, qu'indiquer ce bénéfice de la séparation des patrimoines. Nous nous bornons à dire qu'il est entièrement
distinct de l'hypothèque légale accordée au légataire.
Ces deux droits peuvent, suivant les cas, être plus ou
moins avantageux. La séparation des patrimoines assure
un droit de préférence non-seulement sur les immeu-

bles, mais sur les meubles ; en outre elle a un effet rétroactif quand l'inscription est prise dans les six mois. L'hypothèque légale est plus avantageuse en ce qu'elle donne le droit de suite, et en ce qu'elle permet de poursuivre un des héritiers pour le tout.

———

CHAPITRE III.

DES CHOSES QUI PEUVENT ÊTRE LÉGUÉES.

En général, le legs peut porter sur toute chose qui est de nature à procurer un avantage quelconque au légataire. Au premier rang se trouvent les choses qui existent actuellement, qu'elles soient mobilières ou immobilières, corporelles ou incorporelles : mon cheval, ma maison de ville, ma créance sur telle personne.

Mais on peut léguer, comme le dit Pothier, non-seulement les choses qui existent déjà lors du testament, mais aussi celles qui n'existent pas encore, si toutefois elles doivent exister : le vin de la récolte de telle vigne, le blé que produira tel champ.

Un office peut être légué. On sait quel est à cet égard la réglementation apportée par la loi du 28 avril 1816 : le titulaire d'un office présente son successeur à l'agrément du souverain. C'est donc le droit de présentation qui fait l'objet du legs. C'est ce droit qui est dans le patrimoine du défunt, et rien ne s'oppose à ce qu'il puisse se transmettre à titre gratuit. Mais l'exécution de ce legs peut présenter une certaine difficulté. Comment le légataire s'en fera-t-il mettre en possession ? Le droit de présentation appartient après la mort du titulaire à ses héritiers; c'est donc à eux que le légataire ira demander la délivrance de ce droit, c'est-à-dire une délégation, une procuration pour en acquérir

l'exercice. Si les héritiers refusent, que le légataire
s'adresse à la justice et demande aux tribunaux de forcer l'héritier à donner cette procuration. Rien n'empêcherait même que le tribunal décidât que le jugement
tiendrait lieu de cette procuration.

Peuvent également faire l'objet d'un legs, comme le
dit Pothier, les choses indéterminées, comme un cheval
ou une somme d'argent, ou une certaine quantité,
« dix muids de blé, un tonneau de vin ». Mais il faut
admettre ici, comme nous l'avons dit en droit romain,
que la chose soit déterminée quant à son espèce; autrement le legs est nul, car si je vous lègue un animal
ou du blé, mon héritier pourrait se libérer envers vous
par un payement dérisoire. Il en serait de même si le
legs portait sur une maison, un fonds de terre. La plus
vieille bicoque ou la plus petite parcelle de terre pourrait permettre à l'héritier d'exécuter le legs. Le legs
serait, au contraire, valable si le testateur avait donné
une maison de 10,000 francs, ou encore s'il avait légué
une maison ou un fonds de terre de sa succession.

Il est bien entendu que la chose léguée doit être
dans le commerce. Si elle est hors du commerce d'une
manière absolue, comme « une place publique, un
cimetière, une église [1] », la disposition est nulle. Elle
l'est également si l'objet du legs n'est susceptible ni
d'être aliéné par le testateur, ni d'être acquis par l'héritier. Les droits d'usufruit, d'usage, qui doivent finir
avec la vie du testateur, sont hors du commerce rela-

---

1. Pothier, chap. IV, art. 1, § 4.

tivement à lui et au légataire ; ils ne peuvent faire
l'objet d'une libéralité.

Le droit romain avait établi, en ce qui concerne les
matériaux d'un édifice, une prohibition qui ne lui a pas
été empruntée par notre Code. Un sénatus-consulte,
rendu sous le règne d'Adrien, défendait de léguer les
matériaux qui tenaient à un édifice. Il y avait toutefois
exception lorsque ces matériaux devaient être employés
à construire un édifice public. Aujourd'hui rien de tout
cela ne subsiste. Le propriétaire d'un édifice peut en
donner les matériaux. Pothier [1] admet toutefois une
distinction pleine de justesse. « Mais si les matériaux,
dit-il, ne pouvaient pas être séparés sans dommage, il
est de l'équité que l'héritier chargé du legs soit rece-
vable à payer au légataire l'estimation à la place de la
chose. » Pourquoi en serait-il autrement dans notre
droit actuel ? Cette distinction a pour elle l'équité
et aussi l'esprit de la loi, car l'art. 554 semble bien
avoir reproduit le principe conservateur de la loi romaine.

Toute chose qui est dans le commerce peut donc en
règle générale faire l'objet d'un legs. Mais le legs peut
aussi consister *in faciendo* ou *in non faciendo*. Le testateur oblige son héritier à faire ou à ne pas faire telle
chose. Pothier nous donne quelques exemples : je charge
mon héritier de blanchir le mur de sa maison qui est
vis-à-vis de celle de Pierre pour donner du jour à la
sienne. Je charge mon héritier de ne point louer à des
serruriers sa maison, voisine de celle où loge Pierre,
tant que Pierre y demeurera.

1. Pothier, ch. IV, art. 1, §

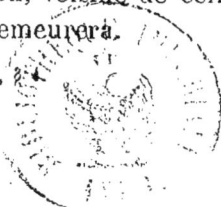

Mais pour que ces dispositions soient valables, il faut que le legs soit possible, licite et que le légataire y ait intérêt. Un intérêt moral aussi bien qu'un intérêt matériel lui donne action pour réclamer l'exécution du legs; la Cour de Caen l'a jugé en 1823 [1]. Un testateur avait ordonné qu'une partie de ses immeubles fût vendue et que le prix fût employé en prières pour le repos de son âme, pour ses parents vivants et trépassés et pour son épouse. Celle-ci, aux termes de l'arrêt, a un intérêt moral à l'exécution du legs; elle a action contre les héritiers du mari.

DU LEGS DE LA CHOSE D'AUTRUI.

L'art. 1021 est ainsi conçu : « Lorsque le testateur « aura légué la chose d'autrui, le legs sera nul, soit que « le testateur ait connu ou non qu'elle ne lui appar- « tenait pas. »

C'est là une disposition nouvelle, une innovation remarquable de notre législation qui brise avec les traditions du droit romain et de l'ancien droit français.

En droit romain, en effet, nous l'avons vu, le principe était tout différent. Lorsque le testateur avait légué une *res aliena*, une distinction était admise. Savait-il ou ignorait-il qu'il léguait la chose d'autrui ? S'il l'avait su, la disposition était valable, car sa volonté était manifeste et il s'attendait bien à aggraver la position de l'héritier qui allait être forcé d'acheter la chose pour la

---

1. Dalloz, v° *Disposit. entre-vifs et test.* n° 3752.

donner au légataire, ou, s'il en était empêché, de lui en payer l'estimation. Mais c'était au légataire à prouver que le défunt avait agi en parfaite connaissance de cause. S'il ne fournissait pas cette preuve, le legs était nul.

Voici quel était le droit romain. Les principes en étaient passés dans notre ancienne jurisprudence. La même distinction y était admise, mais Pothier [1] semble dire que le légataire était dispensé de prouver *la connaissance* du testateur lorsque la chose léguée n'était pas en la possession du testateur. Il y avait dans ce fait, présomption que ce dernier savait bien que la chose ne lui appartenait pas. La présomption contraire existerait si le testateur avait eu en sa possession la chose d'autrui qui fait l'objet du legs ; il a dû croire qu'elle lui appartenait.

Tout en admettant le principe du droit romain, notre ancien droit y reconnaissait quelques exceptions. Le legs de la chose d'autrui pouvait quelquefois être valable, bien qu'il fût prouvé que le testateur avait cru léguer sa propre chose. C'était lorsqu'il y avait lieu de présumer que le *de cujus* aurait fait au légataire « un autre legs équipollent » s'il ne lui avait pas fait celui-ci. Un testateur a deux parents au même degré ; il institue l'un des deux son légataire universel ; il donne à l'autre une maison qu'il croit sienne, mais qui est à autrui. Par exception au principe, le legs est valable, car il est présumable que le testateur a voulu que son parent eût quelque chose de ses biens et s'il avait su que la maison

---

1. *Ibidem*, § 2.

léguée appartenait à autrui, il eût fait en sa faveur une autre disposition. Nous avons vu en droit romain, du reste, une exception à peu près identique.

Le même principe devait fléchir encore quand le legs était fait à un bâtard, pour lui tenir lieu d'aliments, car il est présumable que d'une manière ou d'une autre le testateur eût légué des aliments à son bâtard.

Hors ces exceptions, le principe du droit romain reprend son empire. Mais, dans la pratique, il était la source de bien des difficultés. D'abord il devait arriver et il arrivait presque toujours que le propriétaire de la chose, comprenant l'avantage que lui donnait sa position, refusait de vendre ou demandait un prix exagéré. L'héritier devait alors l'estimation, qui ne se fixait jamais non plus sans difficultés. Enfin, avant tout cela, il fallait placer la preuve à fournir par le légataire, ce qui était encore la cause de bien des contestations.

La pensée du législateur a été de couper court à tous ces procès, à toutes ces incertitudes. Il rejeta les traditions ; ni le droit romain, ni le vieux droit français ne trouvèrent grâce devant lui ; son œuvre est une innovation. Il écrivit l'art. 1021, et sa pensée se reflète encore dans les paroles de M. Treilhard, qui demandait une règle pour mettre fin aux subtilités, « et la meilleure, disait-il, est celle qui exige que le testateur *s'explique clairement* ».

Avant de rechercher le sens de cette disposition de la loi et la pensée du législateur, disons que l'art. 1021 ne s'applique pas et ne saurait s'appliquer aux choses indéterminées ni aux quantités. Il faut donc supposer que le legs porte sur une chose certaine et désignée.

Prenons pour exemple la maison A, que nous supposons appartenir à Secundus, et parcourons certaines hypothèses qui sont devenues, dans la doctrine la source de vives controverses.

Le testateur a dit : « Je lègue à Primus la maison A ». Évidemment, cette disposition est nulle. La maison A appartient à Secundus ; que le testateur l'ait su ou non, peu importe, l'art. 1021 doit recevoir son application. Aurait-on la preuve que le testateur a voulu donner la chose d'autrui et soumettre son héritier à l'obligation de la fournir, le legs sera toujours nul.

Mais si le *de cujus* a dit : « Je charge mon héritier d'acheter la maison A, qui est à Secundus, pour la livrer à Primus, ou, s'il ne peut l'acquérir, de lui en donner l'estimation », la solution doit être différente. La pensée de la loi doit être bien comprise. Le Code a voulu couper court à toutes les incertitudes, à toutes les difficultés de preuves dont les théories du droit romain et de notre ancienne jurisprudence étaient devenues la source. L'art. 1021 annule le legs de la chose d'autrui, mais cette règle ne doit pas être prise trop à la lettre. Elle veut dire qu'il y aura nullité de la disposition toutes les fois que le doute serait possible : toutes les fois qu'il y aurait nécessité de revenir aux contestations de l'ancien droit. Alors le legs est nul, comme dans notre première hypothèse. Mais il ne faut pas entendre ce principe du Code en ce sens qu'il sera complétement impossible de léguer jamais la chose d'autrui, et qu'il faudra toujours annuler les dernières volontés du défunt, même quand il se sera expliqué clairement. C'est là notre hypothèse. Il n'y a pas doute ;

il n'est pas nécessaire de recourir aux preuves de l'ancienne jurisprudence ; le testateur s'est expliqué clairement, sa libéralité est valable. C'est là la pensée du législateur, que nous trouvons traduite dans les paroles de M. Treilhard.

Il est bien certain du reste que le Code n'est pas opposé à ce que la chose d'autrui puisse être léguée dans aucun cas. Quelques lignes avant l'art. 1021, nous trouvons une libéralité de cette sorte. Aux termes de l'art. 1020, si le testateur a chargé l'héritier d'acheter l'usufruit qui grève la chose léguée, celui-ci est tenu de le faire. Et pourtant, cet usufruit est bien la chose d'autrui. Si le Code a posé cette règle, c'est que le testateur, comme dans l'hypothèse que nous étudions, « s'est expliqué clairement ».

Nous voilà donc revenus à la règle du droit romain : l'héritier achètera la chose pour la livrer au légataire, ou s'il ne le peut, il lui en donnera l'estimation. Mais nous n'avons plus ici la preuve à faire de la *connaissance* du défunt ; c'est là le but que le législateur poursuivait.

A part cette exception relative à la preuve à faire, nous croyons qu'il faut suivre encore l'ancienne théorie. Un exemple fera comprendre notre pensée. Au lieu de s'expliquer clairement sur l'estimation à fournir au légataire dans le cas où l'héritier ne pourrait acheter la chose, le testateur a dit simplement : « Je lègue à Primus la maison A qui est à Secundus ; je charge donc mon héritier de l'acheter à Secundus et de la livrer à Primus ». Secundus refuse de vendre sa maison, l'héritier en doit-il l'estimation à Primus? Oui, suivant la théorie romaine ; nous sommes disposés à la suivre.

Cette solution est combattue par Marcadé et M. Demolombe. Est-on bien sûr, dit leur système, que le défunt
ait voulu condamner l'héritier, à défaut de la chose, à
transmettre l'estimation au légataire ? N'est-ce pas sup-
pléer à la pensée du défunt et rendre plus lourde la
tâche de l'héritier ?* Mais en quoi rend-on sa position
pire ? pouvons-nous répondre. Qu'il donne le prix de
la maison A à Secundus ou à Primus, peu importe pour
sa bourse. Quant à la volonté du testateur, il me semble que nous la respectons plus que le système opposé.
N'a-t-il pas voulu faire une libéralité ? Il savait bien,
sans doute, en donnant la chose d'autrui, que le propriétaire était libre de refuser de vendre et d'anéantir
ainsi la libéralité. Remarquons aussi combien serait facile une entente entre l'héritier et le propriétaire de la chose. Il serait trop aisé à la fraude de faire
tomber les dernières volontés du défunt ; ou, si l'héritier reculait devant la fraude, ne devrait-on pas
craindre encore qu'il s'arrêtât au moindre refus du
propriétaire et lui épargnât une insistance dont le
résultat aurait pu lui coûter cher ?

Examinons une troisième hypothèse. Le testateur a
dit : « Je lègue à Primus la maison A qui appartient à
Secundus ». Cette disposition, suivant nous, est valable. Elle renferme la même pensée que le legs dont
nous venons de parler. Que le testateur ait dit : « Je
charge mon héritier d'acheter la maison de Secundus
et de la donner à Primus » ; ou qu'il ait dit : « Je lègue
à Primus la maison A qui est à Secundus », n'est-ce par
la même volonté ? Ne doit-elle pas avoir la même force ?

L'art. 1021 est là, dit-on, avec toute sa généralité : vous ne pouvez échapper à ses règles. Il veut que le legs soit nul, que le testateur « *ait connu ou non* » que la chose était à un autre. Il est bien vrai, nous dit-on, que le testateur a *connu* que la chose ne lui appartenait pas ; mais le Code fait peu de cas de cette *connaissance*, et la disposition n'en est pas moins nulle.

Nous n'admettons pas ce raisonnement. Si la loi s'était ainsi exprimée : « soit que le testateur ait dit ou non qu'il connaissait à qui la chose appartenait », il n'y aurait plus de doute. Mais il est bien facile de voir que la dernière phrase de l'art. 1021 ne s'applique pas à notre hypothèse. En disant : « soit que le testateur *ait connu ou non...* », le Code a voulu abroger la preuve qui était à faire dans l'ancienne jurisprudence. Après avoir posé cette première règle : Le legs de la chose d'autrui est une, il ajoute : non-seulement, lorsque le testateur la croyait sienne (ce qui avait lieu dans l'ancien droit), mais encore lorsqu'il pourrait être prouvé qu'il savait bien que cette chose appartenait à un autre (contrairement à la règle de l'ancien droit). Voilà le sens de l'art. 1021 qui ne peut pas s'appliquer à l'hypothèse dans laquelle nous nous sommes placés ; la disposition est valable, le testateur « *s'explique clairement* [1] ».

En droit romain comme dans notre ancienne jurisdence, le legs de la chose de l'héritier n'était pas soumis aux mêmes règles que les legs d'une *res aliena* en général. On n'avait pas à rechercher si le testateur

1. V. ci-dessus, paroles de M. Treilhard.

avait su ou non que la chose ne lui appartenait pas.
Le legs était toujours valable comme celui de la chose
du testateur. En est-il de même aujourd'hui? et quand
on parle du legs de la chose d'autrui, faut-il dire qu'on
ne doit pas entendre le legs de la chose de l'héritier?
Nous ne le croyons pas et nous repoussons les traditions
romaines. La loi est formelle; elle parle de la chose
d'autrui; pourquoi mettre à part la chose de l'héritier?
La Cour de cassation a rendu un arrêt en ce sens en
1822. Mais rien n'empêcherait, suivant nous, quoi qu'en
dise Merlin, que le testateur ne puisse imposer à son
héritier, sous forme de condition, l'obligation de livrer
une chose dont il est propriétaire. « J'institue Secundus
mon légataire universel, s'il donne sa maison A à Primus. » Le legs de la chose appartenant à un tiers peut
être valablement fait sous cette forme, et nous assignons
au legs de la chose de l'héritier les règles du legs de la
chose d'autrui en général.

Dans l'ancien droit, la disposition qui portait sur la
chose du légataire était valable lorsque la chose ne lui
appartenait pas *pleno jure* et à titre curatif. Si le légataire, par exemple, n'avait que la nue-propriété de la
chose qui lui a été léguée, l'héritier était tenu de lui
racheter l'usufruit pour lui faire avoir la pleine propriété; si le propriétaire de l'usufruit, ne voulait pas le
vendre, l'héritier était tenu de payer au légataire son
estimation. Si le légataire n'était pas propriétaire de la
chose à titre lucratif, le legs qui lui en avait été fait
lui donnait droit d'exiger de l'héritier le prix qu'il avait
déboursé pour en devenir propriétaire. Aujourd'hui le
legs de la chose d'autrui est nul; ces règles ne peuvent

plus s'appliquer. Toutefois le legs produirait quelque effet si le testateur en chargeait son héritier pour le cas où le légataire viendrait à vendre l'objet légué.

Il nous reste à nous occuper du legs d'une chose indivise entre le testateur et d'autres personnes. Dans notre ancien droit, cette disposition avait fait naître entre les jurisconsultes de vives controverses. Puisqu'on peut léguer la chose d'autrui, disait Pothier, il s'ensuit que le testateur qui est dans l'indivision avec une autre personne peut léguer la chose entière. De là, des difficultés nombreuses quand il s'agissait d'interpréter sa pensée. Avait-il voulu léguer la chose entière ou seulement la part qu'il y avait? Lorsque le testateur s'était servi du pronom *mon, ma,* on décidait bien qu'il n'avait voulu léguer que sa part : « Je lègue à un tel ma maison de la Croix-Blanche. » Le pronom *ma* restreint le legs à la portion qu'il avait dans cette maison. Mais si le testateur avait employé l'article *(la* maison de la Croix-Blanche), des controverses naissaient entre les jurisconsultes; dans le doute on restreignait généralement le legs à la part dans l'indivision.

L'étude de ce legs sous le Code Napoléon est assez compliquée. Il faut examiner plusieurs cas.

Supposons d'abord que l'indivision ait cessé au moment de la mort du testateur. Le testateur ne s'est pas rendu adjudicataire du fonds licité. Nul doute qu'il y ait révocation du legs : c'est bien ici l'application de l'article 1038. Le legs est sans effet, l'héritier n'a aucune estimation à donner; et si le prix est encore dû, c'est lui seul qui le touchera.

Mais si le testateur s'est rendu adjudicataire de la

chose ou a acheté la part de son copropriétaire, faudra-t-il restreindre le legs à la portion qu'avait le testateur dans l'objet légué au moment du testament ou l'étendre à la chose tout entière, si on reconnaît que telle était la pensée du défunt? Dans ce dernier cas on pourrait faire retour, pour interpréter l'intention du testateur, aux présomptions de l'ancienne jurisprudence. Nous ne voyons aucun empêchement à ce qu'il en soit ainsi, c'est-à-dire à ce que le légataire ait la chose entière, si telle a été la volonté du défunt. Nous ne voulons pas traiter ici une question de capacité, mais on sait que la règle catonienne ne s'applique pas en droit français. Au moment de la confection du testament, le testateur dans notre hypothèse avait bien donné la chose d'autrui, puisqu'il n'avait dans ce tout qu'une part indivise; mais au jour de son décès, et c'est la seule époque à considérer ici, la chose léguée est dans les biens du testateur. Cette recherche de la pensée du testateur sera-t-elle toujours bien facile? Non, assurément; mais est-ce à dire qu'il faille adopter l'opinion contraire, en oubliant les principes, sous la raison qu'elle est plus simple dans la pratique?

Supposons maintenant que lorsque le testateur décède, l'indivision subsiste encore. La difficulté est beaucoup moins grande s'il s'agit de la propriété indivise d'un objet distinct ne faisant pas partie d'une universalité indivise, d'une succession par exemple. Dans ce cas, en effet, le droit du *de cujus* est transmis au légataire. Il peut s'en servir à l'avenir comme il l'entendra, provoquer ou non le partage, acheter la part de ses copartageants ou leur vendre la sienne. Nous repoussons sans hésiter l'opinion d'un savant auteur [1] qui veut que dans ce cas le légataire coure les chances d'un partage entre les héritiers du testateur et ses copropriétaires. Si la chose tombe dans le lot des héritiers, le légataire l'aura tout entière; il ne recueillera rien si elle échoit au copropriétaire du défunt. N'est-il pas plus simple et plus juridique de donner au légataire tous les droits du défunt et de le laisser libre de s'en servir comme bon lui semble?

Nous rencontrons des difficultés bien autrement sérieuses s'il s'agit du legs pour une portion ou pour le tout d'une chose qui fait partie d'une universalité indivise : par exemple Titius donne à Sempronius une ferme faisant partie d'une succession indivise entre lui et Seïus. Des principes certains doivent cependant guider notre marche. Et d'abord écartons de notre hypothèse l'art. 1423, quoi qu'en dise M. Delvincourt. La règle qu'il pose est une exception et comme toute exception elle doit être restreinte au cas qu'elle prévoit. Les principes qui doivent nous guider sont ceux du partage : c'est l'art. 883. Le partage s'effectue entre Seïus et les héritiers de Titius. Supposons que la ferme léguée tombe dans le legs de Seïus : il faut nécessairement se reporter aux règles du partage. Seïus est censé avoir toujours eu la ferme, et en la léguant, Titius tombait sous le coup de la prohibition de l'art. 1021 : il donnait la chose d'autrui. Le legs est nul; le légataire n'aura rien. Voilà où conduit forcément la rigueur des principes. Mais que la ferme tombe dans le lot des héritiers

---

1. M. Vazeille, art. 1021.

de Titius : en vertu des mêmes règles le legs sera exécuté. Il ne restera plus qu'à rechercher quelle a été
l'intention du testateur ; le légataire aura la ferme
entière si la disposition portait sur la totalité ; il n'aurait autrement qu'une portion correspondante à la
part indivise que possédait le testateur, si telle a été
sa volonté.

CHAPITRE IV.

DE L'EXÉCUTION ET DE L'INTERPRÉTATION DES LEGS.

SECTION PREMIÈRE.

LEGS DE CHOSES DÉTERMINÉES DANS LEUR INDIVIDUALITÉ.

La demande en délivrance fait obtenir au légataire la possession de la chose. C'est donc la chose elle-même que l'héritier est contraint de livrer. Dans certains cas cependant l'héritier se libère en payant l'estimation. Sans parler du legs de la chose d'autrui, nous en trouvons des exemples dans Pothier [1]. Lorsque la chose a péri par la faute de l'héritier ou après qu'il a été mis en demeure, à moins qu'elle n'ait dû périr dans les mains du légataire, l'héritier se libère en donnant l'estimation. Si le legs portait sur une maison expropriée pour cause d'utilité publique, le légataire aurait droit à l'indemnité allouée.

L'héritier n'est pas tenu de l'obligation de garantie ; le légataire n'aurait donc aucun recours à exercer contre lui si plus tard il venait à être évincé. Il en serait autrement toutefois si le testateur par une clause expresse avait imposé à son héritier l'obligation de la garantie.

L'art. 1018 veut que la chose soit délivrée « avec *les accessoires nécessaires* ». Pothier [2] disait : « L'héritier

---

1. Chap. v, sect. III, art. 1º, § 9.
2. *Ibid.*, § 8.

doit délivrer avec la chose léguée celles qui en sont les *accessoires nécessaires* ». Le Code l'a copié.

Cherchons donc ce que doivent comprendre ces expressions. Les accessoires nécessaires sont les choses sans lesquelles l'objet légué ne pourrait servir à son usage ordinaire, les choses qui le complètent. En première ligne se trouvent celles qui sont attachées à l'objet légué par une disposition de la loi. Les objets mobiliers qui sont fixés à perpétuelle demeure, les immeubles par destination sont les accessoires nécessaires d'une maison. Le legs d'une ferme comprend les bestiaux et les instruments qui servent à la culture de la terre. Les objets mobiliers ont aussi leurs accessoires nécessaires : c'est le cadre pour un tableau, le socle et le globe pour une pendule, etc...

Le legs d'une maison doit s'étendre au jardin qui en dépend, lors même, suivant quelques auteurs, que ce jardin en serait séparé par un chemin. Lorsqu'une armoire a été léguée, dit Pothier, on doit en donner la clef.

Il faut rechercher avec soin quelle a été l'intention du testateur, quelle étendue il a voulu, dans sa pensée, donner à la libéralité. Il est souvent utile, pour pénétrer cette intention, de considérer si à l'époque de la confection du testament la chose avait bien les mêmes accessoires. Il est presque certain que le défunt a bien voulu donner les accessoires qui existaient à ce moment, car il connaissait la chose et ses dépendances. Quant aux accessoires qui seraient venus s'y joindre plus tard, il est bon de se montrer un peu plus difficile, car la pensée du testateur n'est pas aussi évidente. C'est ainsi que M. Demolombe se refuse à voir l'accessoire nécessaire de la maison léguée dans le jardin séparé par un chemin, lorsque le jardin a été acheté depuis le legs.

Les titres de propriété sont-ils des accessoires nécessaires et doivent-ils être livrés au légataire? Nos anciens jurisconsultes n'étaient pas d'accord sur cette question. Pothier regardait les titres comme l'accessoire nécessaire. Ricard voulait au contraire qu'ils restassent dans les mains de l'héritier, sauf à aider le légataire s'il en était besoin. Nous repoussons cette opinion. Les titres sont trop utiles au légataire pour les lui refuser. C'est là l'esprit de la loi qui se révèle au chapitre du partage dans l'art. 842.

L'art. 1018, après avoir dit que la chose doit être livrée avec les accessoires nécessaires, ajoute : « et « dans l'état où elle se trouvera au jour du décès du « testateur ». Prise à la lettre, cette règle est inexacte. En effet si l'héritier est responsable des détériorations qui proviendraient de sa faute, il ne peut pas répondre de celles qui surviennent par cas fortuit. Le légataire les supportera, de même qu'il profitera des améliorations survenues aussi par cas fortuit depuis la mort du *de cujus*. L'art. 1018 a donc établi un principe inexact; le légataire ne reçoit pas la chose dans l'état où elle se trouve au jour du décès du testateur. Pothier ne parlait pas de l'état de la chose à ce jour, mais bien au *moment de la délivrance* [1].

L'inexactitude apparente de la règle posée par le Code

1. *Ibid.* § v.

ne doit pas nous arrêter : il faut rechercher quelle a été
la véritable pensée du législateur qui au fond est conforme à l'opinion de Pothier. Si le législateur a parlé
de l'état de la chose au moment de la mort du testateur,
c'est qu'il avait à choisir entre deux époques, la confection du testament et le décès du *de cujus*, pour fixer
l'étendue de la libéralité. Il a choisi la seconde, et c'est
ce qu'il a voulu dire. Outre qu'il a coupé court à toutes
les difficultés qui seraient survenues s'il avait toujours
fallu ramener la chose à son état lors de la confection
du testament, le Code s'est inspiré de la pensée proba-
ble du testateur. N'est-il pas plus rationnel de croire
qu'il a voulu, dans sa pensée de libéralité, laisser la
chose léguée avec toutes les améliorations qui l'ont rendue prospère ? N'en est-ce pas moins toujours la même
chose ? La règle établie par la loi peut donc se formuler
ainsi : il ne faudra pas considérer l'état de la chose
léguée au moment de la confection du testament, mais
bien au jour de la mort du *de cujus*. Ce qui n'empêche
nullement que les améliorations ou détériorations survenues par cas fortuit depuis le décès du testateur ne
profitent ou ne nuisent au légataire.

Les modifications que subit la chose léguée entre
la confection du testament et la mort du testateur peuvent provenir de plusieurs sources. Parlons d'abord des
diminutions. Elles peuvent survenir par cas fortuit :
la maison léguée est détruite par un incendie ou s'é-
croule. Le légataire pourra alors réclamer le terrain
dans le premier cas ; dans le second, les matériaux.
Mais supposons que la maison était assurée. Qu'elle ait
été brûlée totalement ou en partie, du vivant du testa—

teur, le légataire n'aura droit à aucune indemnité. Il en
serait de même encore après la mort du testateur, bien
que le légataire soit devenu propriétaire de la chose.
Le légataire particulier ne continue pas la personne du
défunt; il ne succède ni à ses droits, ni à ses obligations, et il est impossible qu'il puisse réclamer des
assureurs l'exécution des engagements qu'ils avaient
contractés vis-à-vis de la personne du testateur.

Les détériorations peuvent provenir du fait du *de
cujus*, ou même du fait d'un tiers. Le légataire particulier n'a aucuns dommages-intérêts à réclamer à ce dernier. Les principes de notre législation ne lui donnent
de droits qu'à partir de la mort du testateur ; au moment de la dégradation, il n'avait donc aucun droit ; la
créance contre le tiers qui a dégradé lui est restée
toujours étrangère et passe aux héritiers du *de cujus*.

Les améliorations de la chose peuvent survenir de
causes qui lui sont naturelles : par exemple, le champ
s'augmente par l'alluvion, Nous appliquerons aux améliorations survenues par le fait d'un tiers ce que nous
avons dit des détériorations provenant de la même
cause. Vis-à-vis du légataire, c'est en quelque sorte un
cas fortuit. Le testateur améliore aussi souvent la chose
qui fait l'objet de la disposition. Si le legs porte sur
une universalité, sur une collection de choses de la
même espèce, par exemple, un troupeau, une bibliothèque, il est facile de comprendre que les bestiaux
ou les livres que le testateur aurait achetés nouvellement appartiendront au légataire. Il en serait toutefois
autrement s'il était prouvé que le testateur n'avait pas
eu l'intention d'en faire profiter le légataire. Si, après

avoir légué sa bibliothèque de la campagne, le testateur achète d'autres livres qui sont destinés à sa bibliothèque de la ville, mais qu'on porte, par erreur, à la campagne, ces nouvelles acquisitions ne doivent pas être comprises dans le legs.

Quant à la disposition qui a pour objet un immeuble augmenté par le testateur depuis la confection du testament, le Code a pris soin de lui assigner des règles spéciales.

« Lorsque celui qui a légué la propriété d'un immeu-
« ble l'a ensuite augmenté par des acquisitions, ces
« acquisitions, fussent-elles contiguës, ne seront pas
« censées, sans une nouvelle disposition, faire partie
« du legs.

« Il en sera autrement des embellissements ou des
« constructions nouvelles faites sur le fonds légué ou
« d'un enclos dont le testateur aurait augmenté l'en-
« ceinte ». (Art. 1019.)

Il ne faut pas prendre trop à la lettre les termes de la loi dans le premier paragraphe de cet article. Il est possible, en effet, que ces immeubles postérieurement acquis fassent partie du legs sans « une disposition nouvelle ». Le testateur peut très bien, dans son testament, avoir prévu le cas où il ferait plus tard des acquisitions, et joindre à la chose léguée les augmentations qu'elle pourrait recevoir dans l'avenir. Il faut alors étudier avec soin les termes du testament ; si le testateur a légué les immeubles *qu'il possède* dans telle commune, évidemment on ne doit pas étendre cette disposition aux acquisitions nouvelles qui auraient été faites. La Cour de Pau [1] l'a jugé en 1826. Mais il devrait en être autrement si le *de cujus* avait dit : « Tous les immeubles que je laisserai dans telle commune ».

Deux expressions de l'art. 1019 ont donné naissance à de vives controverses. Le Code parle de *constructions nouvelles*. On ne devrait entendre par là, de l'avis de certains auteurs, que les constructions ajoutées à des bâtiments existant déjà ou la reconstruction de ces bâtiments, mais non pas les constructions faites sur un terrain nu. Je prends un exemple. Un jardin a été légué ; le testateur y fait édifier une maison. Le légataire aura-t-il la maison ? Non, suivant l'opinion que nous venons de rappeler ; mais nous admettons le contraire. Le Code a voulu parler en général des constructions qui se feraient après la confection du testament ; il se place à cette époque pour poser la règle de l'art. 1019 : « Lorsque celui qui a légué... » Puis, voulant parler de modifications postérieures, il dit : *constructions nouvelles*. Voilà le vrai sens de ces expressions. Le moindre jardin, objecte-t-on, peut devenir une jolie maison ! C'est parfaitement vrai ; mais le testateur peut bien avoir eu l'intention de léguer la maison comme autrefois le jardin ! On n'oublie guère les clauses de son testament, et il est si facile d'en effacer une ! Le légataire doit donc avoir la maison.

Aux termes de l'art. 1019, il faut que les acquisitions nouvelles aient été réunies à l'immeuble légué pour être comprises dans la disposition. C'est une innovation du Code qui se montre à cet égard plus sévère que le

---

1. Dalloz, n° 3704, v° *Disp. entre-vifs et test.*

droit romain et le droit ancien. Dans notre ancienne jurisprudence, il n'était pas nécessaire que l'augmentation de l'immeuble légué lui fût unie réellement, comme, par exemple, des bâtiments construits sur le sol ; il suffisait qu'il y eût « *union de simple destination* », comme disait Pothier.

Ainsi le testateur achète un champ à côté de la ferme qu'il a léguée ; s'il le possède en même temps que la ferme, cette seule *union de destination* suffit pour que cette nouvelle acquisition fasse partie du legs.

Le Code Napoléon se montre moins favorable au légataire ; il faut aujourd'hui plus que l'*union de destination,* l'union *réelle* est nécessaire. Pour faire partie du legs, les acquisitions nouvelles doivent être réunies dans le même *enclos.* Peu importe, du reste, que ce soient ou non des propriétés bâties.

Quant à la question de savoir si un terrain est bien réellement clos et quelle espèce de clôture est nécessaire pour que le bénéfice de l'art. 1019 puisse être accordé au légataire, elle n'a rien à faire, suivant nous, avec les dimensions fixées par la loi du 6 octobre 1791. Aux termes de l'art. 6 de cette loi, il faudrait que le terrain fût entouré de murs ou exactement fermé et entouré de palissades ou de treillages, ou d'une haie, ou d'un fossé de quatre pieds de large à l'ouverture, et de deux pieds de profondeur. Cette loi est faite pour donner aux délits ruraux plus ou moins de gravité ; mais, vouloir lui emprunter ici ses dispositions, ce serait restreindre l'appréciation du juge dans une matière où elle doit être aussi large que possible. Le juge se prononcera, bien entendu, la loi à la main : il est bien

nécessaire que la clôture ait été reculée et que ce soit
une véritable clôture qui semble avoir été mise par le
testateur pour y rester toujours, mais dont les dimensions et la forme sont indifférentes.

Il faut aussi repousser une théorie émise par M. Delvincourt, qui ne veut appliquer les dispositions de l'article 1019 2°, que lorsque le terrain a été légué comme
enclos : par exemple, si je lègue mon clos de tel endroit,
mon parc de telle campagne. Mais si j'avais légué 5 hectares de terre dans telle commune, ces hectares fussent-
ils clos et en aurais-je reculé l'enceinte pour y joindre
un nouveau terrain, le légataire, suivant M. Delvincourt, n'aurait jamais que les cinq hectares. Je ne vois
rien dans l'esprit de la loi ni dans son texte qui puisse
venir à l'appui de cette doctrine. Elle a contre elle, et
c'est justice, la grande majorité des auteurs.

Une question bien plus délicate est celle de savoir
s'il faut considérer comme enclos le terrain que le testateur a fait clore depuis la confection du testament.
Le champ A est légué, je suppose ; le testateur achète
ensuite le champ B qui est contigu, et il fait des deux un
enclos. La difficulté est sérieuse. Le légataire aura-t-il
l'enclos en entier ? Si on prenait à la lettre l'art. 1019,
il faudrait répondre négativement. « Lorsque celui qui
a légué la propriété d'un immeuble (c'est bien là notre
cas) l'a ensuite augmenté par des acquisitions, ces
acquisitions, fussent-elles contiguës, ne seront pas censées, sans une nouvelle disposition, faire partie du
legs. » C'est bien formel contre le légataire. Il est vrai
que la seconde partie de l'article parle d'un enclos et
déroge à la première ; mais il semble que ce soit d'un

enclos existant déjà au moment de la confection du testament. Les termes du Code conduiraient donc à une solution défavorable au légataire. Mais l'esprit de la loi ne serait-il pas plutôt en sa faveur ?

Dans l'ancien droit, quand le testateur, après avoir légué un immeuble, l'avait augmenté par des acquisitions nouvelles qu'il avait possédées en même temps que l'immeuble, le légataire avait droit aux augmentations. Le Code a repoussé cette doctrine; il a pensé que cet immeuble nouvellement acquis restait indépendant du premier; peut-être le testateur n'avait-il pas voulu en faire un accessoire du premier fonds; dans le doute il ne fallait pas dépouiller davantage la succession. Mais si le doute n'existe plus, si la pensée du testateur est évidente, il ne doit plus en être ainsi. Aux termes de la loi il y a présomption de cette volonté de la part du *de cujus* quand il a réuni dans un même enclos l'immeuble légué et les acquisitions nouvelles. Est-ce que ce n'est pas là une solution pour notre hypothèse? La pensée du testateur favorable au légataire peut se traduire, dit le Code, par certains actes déterminés. Ici elle s'est ainsi traduite : le légataire pourra bénéficier de la présomption établie par les derniers mots de l'art. 1019.

Les dispositions formelles de cet article nous permettent de résoudre une question qui a soulevé dans la doctrine de vives controverses. Une ferme est léguée; le testateur achète ensuite un champ qui lui est contigu, qu'il a loué au même fermier et qui, dans sa pensée, nous le concédons, **semblait** devoir faire partie intégrante de la ferme. En est-il moins vrai que le pre-

mier paragraphe de l'art. 1019 est applicable à cette
hypothèse, ou ne le sera jamais à aucune? La loi a voulu
trancher la question en faveur de l'héritier toutes les
fois qu'il y aurait doute. Il en existe assurément ici ; il
ne faut pas violer la loi. En vain dit-on qu'elle ne doit
s'appliquer qu'au legs d'un immeuble unique et non
pas au legs de plusieurs immeubles, d'une universalité
comme dans cette espèce. Cette distinction est arbitraire,
elle ne ressort en rien de l'art. 1019. La loi peut être
dure, dans cette circonstance elle parait sévère, mais
le législateur savait bien à quoi il s'engageait avec sa
sévérité. Il avait sous les yeux l'ancien droit, et ce n'est
pas sans avoir réfléchi qu'il en a repoussé les principes.

Les règles que nous venons d'étudier sont applica-
bles aussi bien au legs de l'usufruit qu'au legs de la
propriété d'un immeuble. Pourquoi établir une distinction entre les deux sortes de dispositions? Les
règles de l'interprétation de la volonté du testateur
posées par l'art. 1019 ne s'appliquent-elles pas également à l'un et à l'autre de ces legs?

L'art. 1020 nous montre une autre conséquence du
principe que la chose doit être délivrée dans l'état où
elle se trouve au moment du décès du testateur. « Si
« avant les testament ou depuis, la charge léguée a été
« hypothéquée pour une dette de la succession ou
« même pour la dette d'un tiers, ou si elle est grevée
« d'un usufruit, celui qui doit acquitter le legs n'est
« point tenu de la dégager, à moins qu'il n'ait été
« chargé de le faire par une disposition expresse du
« testateur ».

Cette règle est nouvelle. Dans notre ancienne jurisprudence conforme aux traditions du droit romain, le contraire avait lieu. *Debet legatarius in vacuam possessionem induci.* Le principe était que l'héritier procurât au légataire « la libre possession et jouissance ». Si la chose léguée était engagée, il s'en suivait que l'héritier était obligé de la dégager pour donner au légataire « la libre possession et jouissance ». Mais on faisait une distinction importante entre la chose engagée pour la dette d'un tiers et celle qui était engagée pour une dette de la succession. Dans ce dernier cas l'héritier était toujours tenu de dégager la chose ; il ne devait la dégager, au contraire, si elle était hypothéquée pour la dette d'un tiers, que dans le cas où le testateur savait qu'elle était engagée : quand le testateur l'ignorait, l'héritier n'était pas tenu de la dégager.

Ces mêmes principes s'appliquaient en droit romain au legs de la chose grevée d'un usufruit. Dans notre ancien droit il y avait doute sur ce point ; il était bien nécessaire, suivant le principe fondamental, que la chose eût été dégagée de l'hypothèque pour être remise au légataire ; mais quand la charge qui la grevait était un usufruit, comme elle devait certainement s'évanouir dans un temps plus ou moins rapproché, le testateur avait peut-être voulu que la chose fût livrée seulement lorsque l'usufruit aurait pris fin, sans forcer dès à présent son héritier à le racheter. Du reste il pouvait se faire que le propriétaire de l'usufruit refusât de le céder. Tels étaient les doutes qui divisaient les jurisconsultes. Ces incertitudes cessaient si le propriétaire de l'usufruit était l'héritier lui-même : il livrait alors la chose sans retenir sur elle aucun droit de jouissance.

Quant aux servitudes passives dont l'immeuble serait grevé, l'héritier ne devait pas l'en dégager ; elles continuaient à grever l'immeuble, même si elles appartenaient à l'héritier.

Il en est aujourd'hui de même pour ces servitudes, sous le Code Napoléon ; mais pour l'hypothèque et l'usufruit constitués sur l'immeuble, la disposition, nous l'avons vu, est toute différente. A moins de clause expresse, l'héritier n'est pas tenu de dégager la chose. Bien entendu, il ne s'ensuit pas que la dette soit à la charge du légataire ; le Code dit seulement que l'héritier n'est pas tenu de payer la dette avant l'échéance, qu'il peut livrer la chose sans être forcé de la dégager avant la délivrance [1].

Dans le cas où le testateur a chargé son héritier de dégager la chose léguée de l'usufruit qui la grève, une difficulté peut surgir si le propriétaire de l'usufruit refuse de le céder. Nous dirons ce que nous disions pour le legs de la chose d'autrui [2] ; dans cette hypothèse l'héritier doit l'estimation au légataire.

Suivant les principes de notre droit, l'usufruit qui appartient à l'héritier sur la chose léguée continue à lui appartenir ; nous supposons, bien entendu, que le testateur n'a pas exprimé l'intention que l'immeuble fût dégagé.

1. V. notre ch. i, § 4.
2. V. notre chap. iii.

SECTION II.

LEGS DE CHOSES DÉTERMINÉES QUANT A LEUR ESPÈCE SEULEMENT.

Le legs peut être d'une chose déterminée seulement quant à son espèce, comme « dix muids de blé, un tonneau de vin ». L'art. 1022 assigne des règles aux dispositions de cette sorte.

« Lorsque le legs sera d'une chose indéterminée, l'héritier ne sera pas obligé de la donner de la meilleure qualité, et il ne pourra l'offrir de la plus mauvaise. »

Le choix appartient donc à l'héritier. En droit romain il était accordé au légataire, mais notre ancienne jurisprudence n'avait pas admis cette règle contraire au principe que, dans le doute, on doit se décider en faveur du débiteur. Le Code reproduit la doctrine de nos anciens jurisconsultes.

Il adopte encore leur doctrine en ce qui touche la qualité de la chose que l'héritier doit délivrer. Pothier voulait qu'elle fût en bon état, c'est-à-dire *loyale et marchande* [1].

La règle de l'art. 1020 cesserait d'être applicable si le testateur, en termes exprès, avait donné le choix à son héritier. Celui-ci aurait alors le droit de se libérer en donnant la chose qu'il voudrait, bonne ou mauvaise. Je prends pour exemple de cette disposition : « Mon héritier donnera un de mes chevaux ». Malgré les dou-

[1]. *Loc. cit.*, § 6.

tes que cette disposition a fait naître, il nous semble
bien qu'elle indique clairement chez le *de cujus* l'idée
de laisser choisir l'héritier. Il pourrait donner le cheval le plus mauvais.

Il aurait encore le choix si la disposition portait sur
plusieurs choses léguées sous une alternative.

Le testateur peut donner le choix au légataire ; celui-
ci sera alors complétement libre et pourra prendre la
chose la meilleure. On a contesté cependant qu'il eût
une liberté aussi complète. De même que l'art. 1022
restreint le choix de l'héritier et lui interdit de donner
la chose la plus mauvaise, ainsi on a prétendu que cet
article devait s'appliquer dans notre hypothèse et ne
permettait pas au légataire de prendre la chose la
meilleure [1]. Cette doctrine est rejetée. Dans le silence
du testateur, le choix appartient à l'héritier, qui est
débiteur : voilà le principe de l'art. 1022. Mais il peut
recevoir des exceptions, soit en faveur de l'héritier,
soit en faveur du légataire. Quand le testateur donne le
choix à l'héritier, il est sans limite dans ses mains ;
l'art. 1022 ne s'applique pas. Il est bien juste que le
légataire soit aussi complétement libre quand le défunt
lui a donné le droit de choisir. L'art. 1022 ne doit pas
s'appliquer davantage.

Le droit de choisir peut être déféré à plusieurs légataires. Que dire s'ils ne peuvent pas s'accorder ? Justinien voulait que l'on tirât au sort celui qui serait chargé
de choisir. Nous ne voyons pas pourquoi cette règle
ne serait pas encore suivie aujourd'hui [2].

1. Vazeille, art. 1022.
2. En ce sens, M. Troplong, art. 1022, no 1966.

Le nombre de choses léguées peut être indéterminé. Un rescrit de l'empereur Antonin permettait au légataire, quand le testateur avait employé le pluriel, de choisir trois choses. *Eum cui servorum legata sit electio tres posse eligere* [1]. Nous croyons qu'il faut abandonner une pareille disposition à l'appréciation du juge. Peut-être, à l'aide des circonstances qui auront entouré le testament, pourra-t-il pénétrer la pensée du défunt.

SECTION III.

LEGS FAIT AU CRÉANCIER.

L'art. 1023 est ainsi conçu : « Le legs fait au créancier ne sera pas censé en compensation de sa créance, ni le legs fait au domestique en compensation de ses gages ».

Cette règle n'était point universellement admise dans notre ancienne jurisprudence ; elle était devenue la source de nombreuses difficultés. Le Code a voulu couper court à toutes ces incertitudes ; ses termes sont formels. Mais il faut bien remarquer que la présomption établie par la loi est simple ; la preuve contraire est admise, de sorte que bien des difficultés peuvent surgir encore. C'est à l'appréciation souveraine du juge du fait à les résoudre. Si le testateur avait dit : « Je donne à Primus les 1,000 que je lui dois », il n'y aurait pas de doute possible. Le legs se confondrait avec la créance, et, dans la pensée du testateur, la disposition n'en serait pas pour cela dépourvue d'avantages pour

---

1. D. L. 1, *De optio leg.*

le créancier. C'est peut-être un terme dont il lui a fait remise ; l'hypothèque légale du légataire est maintenant attachée à sa créance.

Il ne suffirait pas, pour que le legs se confondît avec la créance, que la somme léguée fût exactement la même que celle qui est due. L'art. 1023 est toujours applicable. Il en est de même si un testateur qui était débiteur d'une rente envers une personne lui léguait une rente [1].

SECTION IV.

RÈGLES GÉNÉRALES D'INTERPRÉTATION.

Après avoir posé certaines règles d'interprétation de la volonté du testateur, le législateur était forcé de s'arrêter. Il ne pouvait entreprendre de prévoir tous les cas, toutes les hypothèses si diverses dans lesquelles le caprice ou la négligence du testateur devait faire naître de sérieuses difficultés. Dans ces matières si délicates, où une fortune peut être en jeu, c'est à l'appréciation du juge du fait qu'il appartient de décider ; sa décision échappe à la censure de la Cour de cassation.

Sa tâche serait souvent impossible si on lui refusait d'emprunter aux art. 1156 et suivants les règles qu'ils établissent pour l'interprétation de conventions. Mais le juge doit s'en servir avec réserve sans jamais perdre de vue quelle différence sépare le contrat du testament.

Cette réserve devra être bien grande, il faut l'avouer,

1. En ce sens Paris, 9 juillet 1809.

quand il suivra la règle de l'art. 1156 : rechercher l'intention plutôt que s'arrêter au sens littéral des termes. La disposition peut être formelle, les termes peuvent être clairs; et alors quelle que soit la bizarrerie ou l'inadvertance probables du testateur, le juge doit statuer d'après le testament. Quand le testateur a légué plusieurs fois une même somme à une même personne (par exemple : je lègue 100 à Primus, et plus loin encore : je lègue 100 à Primus), Pothier[1] n'accorde qu'une seule fois la chose au légataire, à moins qu'il ne prouve que le testateur ait voulu multiplier la libéralité. Nous repoussons cette solution. La volonté du testateur est là, manifestée avec toute sa simplicité et sa clarté. Elle est bizarre, mais il est bien difficile de croire que sa main s'est trompée, on doit relire plus d'une fois son testament ; une pareille inadvertance est invraisemblable.

La position de fortune du testateur, ses relations, ses habitudes, les usages du pays et ses locutions spéciales sont des éléments sérieux de l'appréciation du juge. S'il est du reste nécessaire de prouver quelques faits qui seraient de nature à éclairer la religion du juge, il peut recourir à toute preuve, même par témoins. Bien entendu, on ne peut éclaircir par ce moyen que certaines circonstances étrangères au contenu du testament: on ne pourrait pas rechercher à l'aide de cette preuve quelle a été la pensée du testateur dans une disposition ambiguë et incomplète.

Si le doute subsiste, malgré la pénétration du juge, il est important de savoir si on doit pencher pour l'hé-

1. Chap. vii, art. 2.

ritier ou pour le légataire. Suivant notre ancien droit,
il faut préférer l'héritier. A l'égard de l'héritier institué,
disait Ricard, le testateur est censé l'avoir plus consi-
déré que le légataire puisqu'il lui a donné une qualité
qui témoigne davantage de son amitié pour lui. Quant à
l'héritier *ab intestat*, le lien du sang est en sa faveur
une présomption de la préférence du testateur.

Cette doctrine doit passer dans notre législation ; elle
s'appuie sur la règle établie, en matière de conventions, par l'art. 1162. C'est donc en faveur du débiteur
qu'il faut se prononcer.

Mais l'application de ce principe ne saurait être
étendue au delà de certaines limites. Il est bon de le
suivre quand il s'agit de déterminer la plus ou moins
grande étendue du legs, mais on doit le rejeter lorsque
le doute existe sur l'existence ou l'anéantissement de
la disposition. Le testateur, doit-on supposer, n'a pas
voulu faire un legs ridicule ; il a voulu que sa volonté
fût suivie, et on doit entendre ici la disposition plutôt
dans le sens où « elle peut avoir quelque effet que dans
« le sens avec lequel elle n'en pourrait produire
« aucun ». C'est l'application de la règle établie par
l'art. 1157 en matière de conventions.

Tel était l'avis de d'Aguesseau qui admettait la distinction que nous venons d'exposer. « Il faut avant tout,
disait-il, que la volonté du testateur soit accomplie.
Quand on peut l'exécuter en ménageant les intérêts de
l'héritier, cette voie doit être préférée ; mais quand,
pour épargner l'héritier, il faudrait anéantir la loi du
testateur, jamais on ne peut l'écouter [1]. »

1. V. Merlin. *Répert.* vᵒ *Legs*, sect. IV, § 1, nᵒ 4.

POSITIONS,

—

DROIT ROMAIN.

I. Dans le legs *per vindicationem*, la propriété était acquise au légataire à l'instant de l'adition d'hérédité.

II. Le legs de la chose d'autrui fait au conjoint du testateur est valable, dans le cas même où celui-ci aurait cru que la chose lui appartenait.

III. Lorsque le *de cujus* a légué la chose de son héritier, le légataire n'a pas besoin de prouver que le *de cujus* savait à qui appartenait la chose.

IV. Quand deux associés sont débiteurs du testateur, si celui-ci lègue à l'un des deux sa libération, le légataire pourra exiger de l'héritier d'être libéré, non par un simple pacte, mais par l'acceptilation.

V. Aux termes de la constitution de Justinien, l'hypothèque donnée au légataire est divisible.

DROIT FRANÇAIS.

—

I. Le legs de l'usufruit de tous les biens ou d'une quote-part des biens du testateur est à titre particulier.

II. Le légataire qui est en possession de la chose léguée au moment du décès du testateur n'en est pas moins tenu de demander la délivrance, et il n'aura les fruits qu'à partir de cette demande.

III. Les héritiers à réserve, comme tous autres débiteurs d'un legs, sont personnellement tenus d'acquitter les legs au prorata de la part et portion dont ils profitent dans la succession entière, et non dans la quotité disponible.

IV. L'héritier n'est pas tenu par l'action personnelle d'acquitter le legs *ultra vires successionis*.

V. Le Code donne une hypothèque légale au légataire sur les biens de la succession.

VI. On peut valablement faire la disposition suivante : « Je lègue à Primus la maison A qui est à Secundus. »

VII. L'art. 1021 s'applique au legs de la chose de l'héritier.

VIII. Les mots *constructions nouvelles* de l'art. 1019 s'appliquent à toutes constructions faites sur le terrain légué depuis la confection du testament, par exemple, à celles qui sont élevées sur un terrain nu.

IX. L'art. 1019 (§ 1ᵉʳ) doit recevoir son application si le testateur après avoir légué une ferme a acheté un champ contigu, le fermier l'eût-il possédé en même temps que la ferme.

CODE DE PROCÉDURE.

I. Quand après un partage l'affaire est de nouveau plaidée, les parties ne peuvent pas modifier leurs conclusions, ni requérir de nouvelles instructions.

II. L'appel des jugements interlocutoires peut être formé non-seulement avant le jugement définitif, mais encore pendant les deux mois qui suivent la signification de ce dernier jugement.

CODE DE COMMERCE.

I. La faillite ne peut être déclarée dans le cas où un commerçant, à la veille de cesser ses payements, se donnerait la mort.

II. Une société anonyme ne peut être mise en faillite.

DROIT CRIMINEL.

I. L'action publique en adultère contre la femme est éteinte par le décès du mari survenu depuis sa dénonciation.

II. Il y a faux témoignage punissable dans la déposition mensongère d'un témoin sur un fait qui l'incrimine.

DROIT ADMINISTRATIF.

I. Un immeuble ne passe pas, par le seul fait de l'expropriation pour cause d'utilité publique, du domaine privé dans le domaine public de l'État.

II. L'affectation à un service public ne suffit pas pour classer un édifice dans le domaine public.

POITIERS. — TYPOGRAPHIE DE HENRI OUDIN.

www.ingramcontent.com/pod-product-compliance
Lightning Source LLC
Chambersburg PA
CBHW072312210326
41519CB00057B/4810